JN440191

그렇게 삶은 차곡차곡

사카베 히토미 그림 에세이

# 그렇게 삶은 차곡차곡

사카베 히토미 지음

웃는돌고래

차례

## 1부 나라서 그릴 수 있는 그림

## 2부 나와 더 친밀해지는 시간들



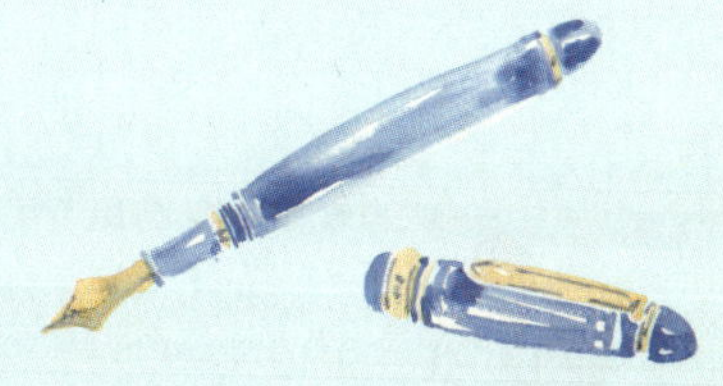

## 3부 달라서 다행이야



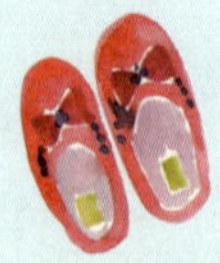

## 4부 안녕하세요? 히토미입니다

# 1부

# 나라서 그릴 수 있는 그림

## 그림의 탄생

보통 '일러스트레이터'라고 하면 의뢰를 받고 조건에 맞는 그림을 그려 주는 사람을 떠올릴 것이다. 하지만 나의 경우만 놓고 본다면, 대부분의 경우 그 반대다.

나는 먼저 내가 내 클라이언트가 되어서 작업을 한다. 그러면 그 작업을 보고 의뢰가 들어오거나 판매가 된다. 그런 점에선 전시를 위한 그림이나 출판을 위한 그림이나 별 차이가 없다. 때로는 출판용 그림을 전시하기도 하니까.

다른 점이라면 그림이 판매되는 방법일 것이다. 캔버스에 그린 회화 작품은 하나밖에 없는 원화이기 때문에 디지털 파일이 있는 인쇄용 그림보다는 고가로 판매된다. 그리고 판매되고 나면 그 그림은 더 이상 내 손 안에 없다. 그리고 그 그림을 가질 수 있는 건 한 사람뿐이다. 그 한 사람만이 그림을 집에 걸 수도 있고, 만져 볼 수도 있으며, 두고두고 감상할 수도 있다. 원화만이 가지고 있는 물질감을 느낄 수가 있는 것이다. 평론가 이동진은 "미술 작품만이 유일하게 개인이 소장할 수 있는 예술 작품"이라고 말한 적이 있다. 음악도, 무용도, 영화도 그 순간에 감상하고 사라지는 것이지만 미술 작품은 그 오브제를 소장하고 소유할 수가 있다.

그런데 출판을 위한 그림은 인쇄를 전제로 그린 그림이다. 그리고 책이라는 (근사한) 형태 안에 담겨 많은 사람들에게 보급될 수가 있다. 내가 모르는 곳 서점 매대에 놓여 사람들을 만나고 도서관에서 누군가의 집으로 가기도 하며, 또 서가에 꽂히기도 한다. 어쩌면 내가 죽은 뒤까지 사람들에게 사랑받을지도 모른다. (그렇게 되면 얼마나 좋을까!) 비록 서점에서 내 책이 완전히 사라진다 해도 이런 책이 세상에 나왔었다는 그 사실만은 남는다.

의뢰를 받고 그리는 그림도 나름대로 설레고 재미있지만, 먼저 작업을 하고 의뢰를 받는 형식이 내게는 잘 맞는 것 같다. 그림은 내게 '자발적으로 그리는 어떤 것'이라서 그런 것 같다. 가끔 펄 벅Pearl Buck이나 마리오 바르가스 요사Mario Vargas Llosa가 젊은 소설가에게 했던 조언에서 '소설' 부분을 '그림'으로 바꿔서 생각한다.

"소설을 써야겠다면 써라. 그러나 돈을 버는 건 우연한 사고accident라고 생각해라. 보상은 쓰는 것 자체로부터 얻어라."

어떤 사람들은 유행에 따르거나 대중이 좋아할 만한 내용과 스타일로 작업하라고 한다. 팔릴 것 같은 그림을 그리라는 것이다. 내가 야무진 성격이 못 돼서 그렇기도 하지만, 나는 그런 작업과는 맞지 않다. 자기 안에서 우러나오는 것이 아니라면 결국 오래 못 간다. 머리로 이것저것 다 계산해 가면서 그림을 그리다 보면 내 그림의 뿌리가 없어져 버릴 것 같다. 나에게 그림은 디자인 작업과는 달라서 좀 더 본능적이고 영혼과 맞닿아 있는 것이다. 아무리 화려하고 대단하고 세련되고 사람들이 부러워하는 멋진 표현이라 해도 나의 감각이나 삶의 방식에서 우러나온 것이 아니라면 결국 의미가 없다.

2016년 여름 일본에서 열었던 내 개인전에 만 78세 도예가 한데이시 선생님이 찾아와 주셨다. 한데이시 선생님은 도예가이자 사업가, 정치가였던 가와키타 한데이시(川喜田半泥子)의 손자다. 제2대 한데이시인 셈이다. 몇 년 전 개인전에 와 주신 뒤로, 전시를 할 때마다 찾아 주는 고마운 분이다. 선생님이 그러셨다.

"과도한, 그린다는 자의식을 버렸을 때 생명력이 있는 무엇인가가 태어나요. 그려지는 것이 아니라 태어납니다."

이런 말을 들으면 하던 일 집어치우고 빨리 작업하러 가고 싶어진다.

## 드디어 찾았다, 내 길!

내 꿈은 현모양처가 되는 것이었다. 이런 얘기를 하면 사람들이 놀란다. 내가 그런 꿈을 꿀 사람으로 전혀 보이지 않는가 보다. 그런데 정말로 결혼해서 '좋은 아내'가 되고 '좋은 엄마'가 되고 집을 예쁘게 가꾸며 사는 것이 꿈이었다.

어릴 적부터 난 전형적인 '집순이'였다. 딱히 새로운 체험을 해 보고 싶다거나 어디 놀러 가고 싶다는 욕구보다는 '우리집'에 있는 게 가장 편했다. 새로운 것보다는 익숙한 것을 좋아한다. 소문난 맛집을 애써 찾아가는 것보다는 늘 즐겨 찾던 동네 음식점을 좋아하는 성격이랄까.

대학 전공도 그렇게 정해졌다. 서양화과를 갈 생각이었는데 선생님이 권하니까 그냥 디자인과로 갔다. 분명한 꿈이 없었기 때문이다. 중고등학교 시절 내내 그림만 그렸다. 그러다 대학에 들어와서는 그림을 안 그리고 컴퓨터로 제작하는 디자인 작업만 하게 되니 그다지 흥미를 느끼지 못했다. 그래서 학부 시절에도 디자인과 수업은 최소한만 수강하고 서양화과 수업을 많이 들었다. 뭐랄까, 원래 나는 직선이나 딱딱한 것, 수치적인 것, 대칭적인 것, 너무 명쾌한 것보단 약간 비뚤비뚤한 것, 곡선, 말랑말랑하고 애매모호한 것들에 끌리는 것 같다.

첫아이 J 덕분에 어릴 적 보던 그림책들을 다시 보게 되었다. 원래 사람을 그리기 좋아하다 보니 가끔 아이의 모습을 그리기도 했다. 난생 처음 아이를 키우다 보니 일 년은 쏜살같이 지나갔다. 그리고 J가 돌이 될 무렵, 감사하게도 시어머니가 대학원에 진학하는 게 어떻겠느냐 권해 주셨다. 여자도 자기 일을 가져야 한다고, 공부를 계속하라고 격려해 주셨다. 나 생긴 대로만 살았다면 나는 J를 키우는 데 만족했을 것이다.

그림을 그리지 못하는 수업이 답답했던 터라 대학원에서는 일러스트레이션 분야의 수업들을 듣게 되었다. 그러던 중 '그림책'을 주제로 삼고 공부하면 어떨까, 생각하게 됐다. 어렸을 적 아빠 무릎에서 그림책을 보았던 시간은 내 삶에서 가장 행복했던 순간 중 하나다. 그림책이라면 평생 공부해도 좋을 것 같았다.

학술 논문을 써서 학회에서 발행하는 학술지에 그 논문이 실린다는 것은 연구자로서 첫 걸음을 내딛는 것이었다. 그림책에 대한 논문을 쓴다는 것은 결국 그림책의 가치와 매력에 대해 옹호하는 글을 쓰는 것을 의미했다. 논문을 완결 짓는 것은 쉬운 작업이 아니지만, 가치와 동기가 충분해서인지 즐겁게 임할 수 있다. 대학원에서 그림책을 소재로 수업을 해 주신 그림책 전문가 신명호 선생님을 만난 것은 내게 큰 선물이었다. 선생님 수업에서 그림책에 나오는 인물의 관계나 상황의 변화를 형태, 크기, 색채와 같은 시각적 표현을 통해 읽어 내는 법을 배웠다. 그런 것들에 대해 토의하고 파고들 수 있다는 것이 꿈만 같았다. 다양한 그림책을 접하게 되었고, 그저 지식을 전달받는 느낌이 아니라 수업을 마치고 나면 그림책의 매력을 더욱 곱씹어볼 수 있었다. 무엇보다 그림책 분야의 연구자로 살아가고 계신 선생님의 존재 자체가 내게 큰 힘이 되었다. 수업 내용뿐만 아니라 육아와 연구를 병행하는 여성의 삶에 대해서도 조언을 해 주셨다.

내가 좋아하는 '그림책'이라는 창을 통해서 다시 내 전공인 시각디자인을 들여다보니 학부 때는 보이지 않던 것들이 보였다. 그림책은 글과 그림, 특히 그림이라는 시각 언어로 소통한다. 일러스트레이션은 물론이거니와 편집 디자인, 타이포그래피, 형태심리학, 색채학 등 시각디자인 영역의 많은 부분과 맞닿아 있다.

이렇게 나는 대학원에 와서 나의 길 두 가지를 동시에 만났다. 그림책, 그리고 일러스트레이션. 그리고 먼 길을 돌아서 다시 시각디자인이라는 내 전공으로 돌아왔다. 내 방향을 찾은 후 내 분야를 더 깊이 연구하기 위해 모교로 돌아가 시각디자인 박사 과정을 밟았다. 두 명의 J를 데리고 공부하는 일이 쉽지는 않다. 그래도 행복하다. 아이들에게도 행복한 엄마의 마음이 전달되기를 바랄 뿐이다.

## 엄마를 작가로 만들어 준 너

J를 낳은 뒤 아이를 직접 돌보는 것을 지극히 자연스러운 일로 받아들인 채 일 년이 지났고 돌잔치를 앞두었을 때였다. 아이 돌잔치에 무엇을 내놓을까 찾아보다가 기존의 아기 그림책에 주인공 아기 얼굴을 합성해서 만든 그림책을 보게 되었다. 그때 당시 엄마들 사이에서 그게 유행이있다. 아이 얼굴 사진을 오려서 그림 위에다 얹는 건데, 나는 J의 몸도 내 손으로 다시 그려 주고 싶었다.

얼마 만에 붓을 든 건지 모르겠다. J의 몸을 그려 얼굴 사진과 합성해 그림책을 완성했다. 그때는 말 그대로 '글과 그림이 있는 책'이라는 의미에서의 '그림책'이었지만, J가 1년 동안 성장하는 모습을 담은 책이라는 점에서 뜻깊었다. 아이를 위한 작업을 했다는 게 뿌듯하기도 했다.

대학원에서 그림책을 그저 보는 게 아니라 '연구'할 수도 있다는 걸 알게 되고 나서는 친정집에 갈 때마다 내가 어릴 적에 읽던 그림책들을 다시 꺼내 보게 되었다. 그러다 대학원에서 그림책 만드는 프로젝트를 진행하게 됐고, 더미북을 그림책 전문 출판사에 보내게 되었다.

출판사에 가서 대표님을 만나게 됐고, 내가 보낸 더미북은 출판이 어렵지만 포트폴리오를 더 보고 싶다는 얘기를 듣게 됐다. 패션 일러스트 작업이 좋다는 얘기를 듣기는 했지만 그렇다고 당장 계약이 진행되지는 않았다. 내심 기대했던 터라, 사실 좀 실망하기도 했다.

그러다 얼마 뒤, 내 그림과 잘 어울릴 원고가 있으니 같이 해 보자는 연락이 왔다. 그로부터 1년 뒤, 나의 첫 그림책《내가 엄마 해야지》가 출간되었다.

J와 같은 월령의 아이가 주인공이었고, 글의 내용도 그 당시 J가 하던 '엄마 역할 놀이'에 관한 것이었다. 글 작가 곽영미 선생님은 유치원 교사다. 늘 아이들과 함께 있으니 월령에 따른 발달 단계를 섬세하게 인지하고 있는 분이었다. 처음 스케치를 할 때 당시 대학원 수업에서 배웠던 내용을 총 동원하여 글에 포함되지 않은 부분을 그림으로 녹여 내려고 고심하였다. 그림을 그릴 때는 J의 모습을 수없이 관찰하고 스케치했다. J를 낳기 전에는 아기 그림을 그린 적이 없었기 때문에 아기의 비율로 사람을 그리는 게 생각보다 어려웠다. 아기 그

림책이라 실제로 책에 쓰인 그림은 몇 장면 안 되는데, 그림책 그리려고 그린 스케치북만 한 상자였다.

1년이라는 기간은 짧다면 짧고 길다면 긴 시간이다. 첫 책이다 보니 출판사 사람들의 반응에 일희일비했던 것 같다. “어쩌면 이렇게 사랑스러운 표정을……. 이런 장면 정말 좋다! 아기 엄마니까 가능한 거 아니겠어요?” 이런 소리 들으면 엄청나게 뿌듯했다. 같은 장면을 여러 번 고쳐 그려야 했을 때는 ‘이 책 나올 수 있을까?’ 한없이 불안해졌다. 그럴 때면 아빠 무릎에서 행복하게 그림책을 읽었던 어릴 적 추억을 떠올리며, 나도 누군가의 어릴 적 행복한 기억과 함께 할 수 있는 그림책을 만들고 싶다는 간절한 꿈을 놓지 않으려고 노력했다.

마지막 장면까지 모두 완성하던 날, 도저히 실감이 나질 않았다. 내가 정말 이 그림들을 다 그렸다고? 1년 내내 붙들고 있었던 작업이었다. 이 마지막 한 장으로 진짜 내 첫 번째 그림책이 나온다고? 믿어지지 않았다. 내 이름이 새겨진, 진짜 내 그림책이 세상에 나왔다.

그림 사카베 히토미

J가 없었다면 내가 이 아기 그림책을 끝낼 수 있었을까? 아니, 어쩌면 그림을 그리게 되지도 않았을지도 모른다. 나의 사랑스러운 아이니까 다시금 그림을 그려 보고 싶은 마음이 들었고, 다시 그림 그리는 설렘과 즐거움을 맛보며 살 수 있게 되었다.

나의 두 번째 책도 따지고 보면 J가 만들어 준 책이다. J의 육아 일기를 그림과 글로 남긴 책이 바로 《아이와 나》였다. J가 말하기 시작하면서부터 행동이나 말이 재미있어서 기록하기 시작했다. 1년 동안 꾸준히 작업한 결과물이 바로 이 책이다. J. B. 프리슬리John Boynton Priestley의 "가능한 한 자주 글을 써라. 그게 출판될 거라는 생각으로가 아니라, 악기 연주를 배운다는 생각으로"라는 충고는 내게 매우 옳았다. 특정 클라이언트를 위한 것이 아니라 온전히 독자는 나 혼자여도 좋으니 꾸준히 손도 풀고 작업을 쌓아 가겠다는 생각에서 했던 작업이 결과적으로 '책'이라는 성과로 남은 것이었다. 어쩌면 이 책이 가장 '나다운' 작업일지도 모른다.

《아이와 나》는 글과 그림 모두 온전히 나의 작업이라는 점에서 내게는 또 다른 의미가 있었다. 출판사 대표와 미팅을 하고 돌아온 날, 잠을 잘 수가 없었다. 나의 또 다른 꿈, 그러러

니까 온전히 나의 책이 이 세상에 나오는 순간을 앞두고 얼마나 설레던지……. 자리에서 이리 뒹굴고 저리 뒹굴고, 앉아서 한숨 쉬었다가 물을 마셨다가 하며 새벽을 맞았다. 이 작업은 책 내용이 거의 완성된 단계에서 출판이 결정된 거라 계약 후 쏜살같이 책이 나왔다. 아기를 낳는 것도 첫째 때보다는 둘째 때가 쉽다고 하더니, 책 내는 일도 그랬다. 모든 것이 매끄럽고 기분 좋게 나왔던 책이다.

두 책의 물꼬를 터 준 J. 돌이켜 보니 너의 존재 자체가 조금씩 엄마를 작가이게 만들었구나. 엄마가 되어 일을 그만두는 경우가 많지만, 나는 반대로 엄마가 되고서야 일을 시작하게 되었다. 사람들은 모두 자기 인생을 계획하며 사는 것 같지만, 인생은 참으로 예측 불가하다.

## 손끝에서 감정이 뚝뚝

사람이 의사소통할 때 말로 전달되는 정보의 양보다 비언어적인 방식으로 전달되는 것이 더 많다고 한다. 표정과 억양, 시선 처리, 몸짓과 같은 비언어적 코드는 사람의 마음에 직접 호소하는 힘이 있다.

무용은 그런 몸짓과 표정으로 음악에 맞춰 예술가의 내면을 표현하는 예술이다. 그래서였을까. 중고등학교 때 발레에 빠져서 전공을 바꿀까 생각한 적이 있다. 그때 상상만 하고 행동으로 옮기지는 않은 내가 대견스럽고 진심으로 고맙다. 동경하는 것과 실제로 하는 것과의 간극은 실로 어마어마해서, 그때 만약 무용을 '하는 사람 쪽'에 잠시라도 발을 디뎠다면 자괴감에 발레 음악조차 듣기 싫어져 버렸을지도 모른다. 감상자로 남은 건 천만다행이다.

당시 미술 교과서에서 보았던 드가의 발레리나 그림은 강력한 기억으로 남아 있다. 특히 생동감 넘치는 역동적 동세와

빛의 표현이 내 눈길을 사로잡았다. 드가가 여성 혐오자였고, 환멸을 그림에 담았다 하더라도 내게는 그 그림들이 아름답게 보였다. 드가가 여성의 어느 부분을 혐오했을지는 몰라도 여성이 가진 동작의 아름다움 자체는 사랑했던 게 아닐까 생각하게 된다.

그렇지 않고서는 저렇게 사람의 마음을 울리는 그림을 평생에 걸쳐 그릴 수는 없을 것 같다. 장 프랑수아 밀레도 말했듯이, 먼저 자신이 감동하지 않고서 다른 사람을 감동시키기는 어려울 것이다.

중고등학교 시절 발레 〈지젤〉을 즐겨 보았다. 무대 장식이 화려하고 음악이 요란한 작품보다는 〈지젤〉 제1막 정도의, 서사와 감정선이 탄탄한 작품을 좋아했다. 비교적 변화가 적고 고요함 속에 감정을 표현하는 제2막의 몸짓들도 좋아하게 되었다. 나는 실제 인물의 마음속으로 들어가 주위를 잊고 몰입한 채 연기하는 데는 적합하지 않은 사람이다. 대신 표현된 움직임이나 표정에 매력을 느끼고 기록하는 것은 좋다. 직접 연기자가 되는 것이 아니라 연기하는 사람의 표정과 동작을 그리는 것에 알맞은 성향을 가진 것 같다. 이것이 바로 내가 좋아하는 거리감의 적정선.

발레에서는 대사가 없기 때문에 특정 동작이 수화처럼, '결혼해 주세요'와 같은 어떤 의미를 가지고 있다. 그런 말이 몸짓과 표정으로 표현되는 것을 볼 때, 사람이란 존재가 그렇게 사랑스러울 수가 없다. 음악에 맞춰서 신나하거나 슬퍼하거나 분노하거나 혼란스러워하는 인물들에게 누가 애착과 연민을 느끼지 않을 수가 있을까. 발끝의 스텝과 손가락 끝에서 뚝뚝 감정이 떨어지는 듯한 그런 공연을 보고 나면 한동안 그 여운에서 헤어나기 힘들어진다.

내가 좋아하는 그림책들도 마찬가지다. 내가 어렸을 때 몰입해 보았던 그림책들, 지금도 기억에 뚜렷이 남아 있는 그림책 중에 하야시 아키코의 《순이와 어린 동생》, 《병원에 입원한 내 동생》 같은 책들이 있다. 이 작가의 그림책은 굉장히 사실적이다. 주인공 아이의 감정과 눈높이에서 바라보는 내용으로 구성되어 있고, 동작과 표정 하나하나가 그 아이의 감정을 대변하고 있다.

특히 동생이 있는 언니가 주인공인 책들이라 순이에게 맏이인 나를 겹쳐 읽었다. 이 그림책들을 읽고 있노라면 간혹 얄미웠던 동생들이 갑자기 사랑스럽게 느껴지기도 했다.

프랭크 애쉬의 《STARBABYほしのあかちゃん》도 좋아했다. 동그란 머리와 부드러운 살결 묘사, 순진무구한 표정과 자연스러운 몸짓들에 매료되어 페이지의 한쪽 끝에서 반대쪽 가장자리까지 샅샅이 훑어보았다.

내 그림이 지향하고 싶은 감수성은 바로 그런 지점인 것 같다. 감정과 살내음이 느껴지는 몸짓. 그저 보고만 있어도 마음이 풍족하고 행복해지는 그림.

## 구상과 추상의 공존

디자인과를 졸업하긴 했지만, 추상적인 형태와 직선, 대칭으로 이루어진 형태들과 통계적이고 객관적 수치를 나타낸 그래프, 장식이 극도로 배제된 매끈한 조형 같은 것에는 끌리지 않았다. 약간 비뚤어져 있거나 곡선, 혹은 조금 더 자연스러운 시각 표현을 좋아한다. 예술고등하교에 다니던 시절, 디자인 선생님이 우스갯소리로 "옛날에는 칼질 깔끔하게 잘하는 사람이 디자인과에 갔다"는 얘기를 하셨을 정도이니, 디자인과는 기본적으로 내 취향과는 거리가 먼 감성으로 가득했다. (실제로 나는 커터칼질을 정말 못 한다.)

그런데 최근 영국에서 박사 논문을 쓰고 있는 정보디자인 분야 선배에게 흥미로운 이야기를 들었다. 지도 교수와 처음 논문에 대한 이야기를 나누는데 "어떤 정보 디자인을 하고 싶은가?" 묻더란다. 선배는 "아주 객관적이고 정확한 정보 디자인을 하고 싶다"고 했더니, "객관적인 정보 디자인이라는 것은 존재하지 않는다"고 하시더란다. 덕분에 사람이 인식하는 한 '객관적' 인식이라는 것은 존재하지 않고, 모두 보는 사람의 기존 기억이나 경험에 바탕을 두어 정보를 감정적으로 인식하게 된다는 전제하에 논문의 방향성을 바꾸게 되었다고 한다.

추상적인 것에 자기를 투영하기는 쉽지 않다. 어떤 나열된 정보를 볼 수 있을지언정 거기서 내게 와 닿는 단서를 발견하기는 어렵기 때문이다. 감성적 접근과 가장 멀리 있다고 생각했던 정보 디자인 분야에서 감정적인 반응을 고려한 연구를 한다고 하니 그 논문이 무척 기대된다.

개인적으로는 2015년부터 '像 archive' 시리즈를 작업해 오고 있다. 구상으로만 표현할 수 있는 사람의 몸짓과 표정에서 오는 어떤 감동, 그리고 기하학적 패턴과 같은 추상적인 것, 이 이질적인 두 가지를 시각적으로 뒤섞고 만나게 하는 실험이다.

구상具象은 그 구체성 때문에 귀납적 표현 방식으로 볼 수 있고, 추상抽象은 반대로 법칙과 일반화를 지향하는 연역적 표현 방식이라 할 수 있다. 재현, 경험, 구체성 등에 기반한 구상적 표현 방식은 그 자체로 힘을 가진다. 언어로 그 시각적 표현에 대해 설명한다고 해도 그것을 대치할 수는 없다. 형태

와 색채와 터치를 가지고만 전달될 수 있는, 대체 불가능한 표현이 바로 시각적 표현의 매력이다.

그림에는 조금 더 직접적이고 즉각적으로 인식되는 속성이 분명 있다. 내가 그리는 추상은 완전히 기하학적인 추상은 아니며, 현실에서 만날 수 있는 어느 정도 구상적인 추상이다. 그리고 꼭 패턴과 같은 인공 추상을 그리지 않더라도 붓놀림이나 터치가 강하게 표현되면 대상의 모양이 확실히 드러나지 않거나 형태를 변화시키고 단순화시키게 되는데, 이런 경우에도 추상적 성격이 동반된다.

나는 구체적 대상에서 출발하되, 귀납적 구상과 연역적 추상 표현이 한 화면에 공존하게 하는 것이 좋다. 그렇게 하면, 구상으로 나타내더라도 내용을 단정 짓지 않고 더 풍부하고 불가사의한 표현으로 영역이 확장되는 것 같다. 앞으로도 이런저런 실험을 해 보고 표현을 성숙시키고 싶은 테마 중 하나다.

## 라이브페인팅의 매력

다른 사람들이 지켜보는 가운데 그림을 그릴 때도 있다. 이른바 '라이브페인팅'이다. 전시 페어에서 벽면 하나를 전부 그림으로 그려 내는 라이브페인팅 작업을 할 때면 떨림과 흥분이 동반된다. 작업실에서 혼자 작업할 때와는 또 다른 즐거움이다. 그럴 때는 화가가 아니라 행위예술가에 더 가깝다.

그렇게 많은 사람이 보는 데서 어떻게 그리느냐고, 떨리지 않느냐고 묻는다. 나도 그런 내가 신기하다. 중고등학생 때는 선생님이 뒤에 서 계시기만 해도 어깨에 힘이 들어가 허황된 선을 긋곤 했다. 그러다 선생님이 다른 곳으로 가시면 그제야 그림에 집중할 수 있었다. 그랬던 내가 사람들이 지켜보는 가운데 그림을 그리게 되다니!

내가 그렇게 할 수 있는 건, 그림만 생각할 수 있을 만큼 집중력이 좋아졌기 때문일 것이다. 열려 있는 큰 공간에서 많은 사람들이 지켜보는 가운데 그림을 그리면 그들이 내뿜는 뜨

거운 에너지가 피부로 와 닿는다. 그게 긴장감으로 오는 것이 아니라 잡다한 생각이 다 물러가는 집중력으로 온다. 기분 좋은 몰입.

스케치도 없이 바로 커다란 캔버스에 그려 내는 라이브페인팅만의 매력이 있다. 평소에도 스케치 없는 그림을 좋아했다. 그때그때 현장 분위기에 따라, 내 마음이 원하는 것에 따라, 몸이 가는 대로 붓을 움직인다. 물론 떨린다. 그러나 일단 한 번 물감을 찍고 나면 오롯이 나와 그림만 존재하는 무아지경에 빠지게 된다.

내가 그리는 그림이 섬세하고 오밀조밀한 작업이라기보다는 시원시원하게 물감을 얹어 나가는 스타일이라 이 작업과 더 맞는 것 같다. 생동감 넘치는 라이브페인팅과 어울리는 터치. 큰 벽을 다 채웠을 때의 뿌듯함은 정말 크다. 언제라도 즐겁게 할 수 있는 작업이다.

가만히 생각해 보니 라이브페인팅 작업은 초등학교 시절 서예를 배우던 경험과도 맞닿아 있는 것 같다. 당시 일본 초등학교 '쓰기(書き方)' 수업은 딱딱한 연필이나 사인펜으로 공책에 써 내려가는 수업과 먹과 붓으로 얇은 화선지에 쓰는 서예 수업 두 가지가 있었다. 꾹꾹 눌러서 쓰는 수업은 별로 안 좋아했는데, 물기를 머금은 붓으로 하는 서예 수업은 언제나

즐거웠다. 선생님이 아이들 이름 견본을 써 주셔서 서예 도구함에 넣고 다니며 이름 쓸 때마다 그것을 꺼내 보면서 썼다. 무심한 듯 쓰여진 선생님 글씨는 너무 아름다워서 가만히 바라볼 때도 있었다. 과제 글씨를 써서 선생님께 가져가면 주황색 잉크로 글씨 위에 다시 겹쳐 고쳐 써 주시거나 중간이 흔들렸다며 중앙선을 점선으로 표시해 주시거나 뻗치는 획의 형태를 잡아 주시거나 했다. 그런 피드백 표기들도 조형적으로 멋들어진 것들이 많았다. 먹 글씨가 덜 마른 경우에는 먹과 주황색 잉크가 섞여 몽환적인 얼룩이 생기기도 했는데, 그럴 때 속으로 '아……, 안 돼.' 하고 생각했던 기억이 선명하다. 그런데 선생님은 아무렇지도 않다는 듯이 태연하게 수정을 이어 나가셨다. 지금도 잊지 않고 있는 서예 선생님 말씀.

> "지금 쓴 글씨가 만약 조금 비뚤어지거나 마음에 안 들더라도 다시 덧칠해서는 안 된다. 그러면 글자가 생명력을 잃는다."

어린 마음에도 그 말에 매우 납득했던 것 같다. '딱 내 스타일이야' 하고.

## 나라서 그릴 수 있는 그림

작품을 공모전에 낼 때가 있다. 한 작가의 작업 세계 전부를 보는 게 아니라 맥락이 제거된 상태에서 작품 한 점만 보고 평가하는 공모전이 무슨 의미가 있을까 하는 생각을 할 때도 있다. 공모전이란 게 작품 평가의 가장 좋은 방법인지는 모르겠지만, 내 작품을 다른 이에게 평가받는다는 것, 전문가들의 객관적인 평가를 받는다는 것은 다양한 시점에서 내 작품을 볼 수 있는 기회이기도 하다. 그 기준이 정말 '객관적'인가 하는 것은 논외로 하더라도 말이다.

작품을 비판할 때는 사람마다 기준이 참으로 다르다. 그 말 하나하나에 맞추어 작업한다면 결국 내 것이 하나도 없어져 버릴 것이다. 내가 나일 수 있는 건, 다른 이가 A라고 생각하는 것을 나는 B라고 생각하기 때문일 것이다. 그렇다면 설사 비판이나 칭찬을 받게 되어도 그것에 좌지우지되어서는 안 된다. 무라카미 하루키가 이런 말을 했다.

"가게에는 많은 손님이 찾아온다. 그 열 명 가운데 한 명이 '상당히 좋은 가게다, 마음에 든다, 또 오고 싶다'라고 생각해 주면 그것으로 족하다. 열 명 중에 한 명이 단골이 되어 준다면 경영은 이루어진다. 거꾸로 말하면 열 명 중 아홉 명의 마음에는 들지 않는다 해도 그다지 신경 쓰지 않아도 되는 것이다. 그렇게 생각하면 마음이 편해진다. 그러나 그 '한 사람'에게는 철

저하게 마음에 들게 만들 필요가 있다."

—무라카미 하루키, 《달리기를 말할 때 내가 하고 싶은 이야기》, 문학사상, 66쪽.

그러나 막상 작은 비판이라도 받게 되면 그런 마음을 유지하기가 쉽지 않다. 언제나 지금보다 더 나은 다음의 단계를 바라보고 있기 때문일 것이다. 만약 그런 마음이 없이 '지금 내 작업은 완벽하다'고 생각한다면 그 작가의 작업은 더 이상 어떤 발전도 없을 것이다.

문학평론가 신형철은 "과거의 작업이 전혀 부끄럽지 않다면 그 사람은 그동안 아무 발전을 하지 않은 것"이라고 했다. 내 작업이 어떻게 보여질지를 두려워하지 않고 계속 작업할 수 있는 용기를 갖게 해 주는 말이었다.

이번 여름 일본에서 열었던 개인전을 찾아 주신 도예가 한데이시 선생님이 말씀하셨다.

"다른 사람이 되려고 하는 것만큼 바보 같은 짓도 없다"

선생님은 작품에 생명력이 있는지, 그것 한 가지에만 초점을 맞추어 전시를 보러 다니신다고 한다. 2014년 개인전에도 와 주셨고, 2016년 전시에도 와 주셨다. 대형 해바라기 그림 앞에서 한참 동안 이리 보고 저리 뜯어 보며 찬찬히 작품을 보고 나서 그러셨다.

"이 그림을 보면 당신이 그림으로 무엇을 하고 싶은지 알겠어요."

이 말을 듣고 확신이 섰다.

이 사람 저 사람의 이야기, 잣대를 두려워하지 않고 내가 그림을 그리고 싶은 자연스러운 동기를 소중히 해야겠다고.

그 누구도 나만이 그릴 수 있는 그림을 대신 그려 줄 수는 없으니까.

그림은 그냥 그림이 아니라, '나'니까 그릴 수 있는 무엇이니까.

## 안녕, 내 그림

나는 내 그림을 보는 사람이 어느 정도는 '즉각적'으로 '좋다'고 느꼈으면 좋겠다. 어떤 설명도 없이 그 자체로 '그저' 좋았으면 한다. 내 자체가 그렇게 복잡한 사람이 아니라서 그런가. 어떤 가치를 담았는지 분석하고 평가한 뒤에 그림이 사회적으로 의미가 있어서, 유명한 화가의 작품이어서가 아니라 '그저 보고 있으면 좋아서' 가지고 싶은 그런 그림을 그리고 싶다.

전시를 하면 그림을 판매하게 되고 누군가가 내 그림을 사 주기도 한다. "코엑스"에서 열린 페어에 참가했을 때 일이다. 어떤 여자 분이 찾아와서는 그러는 거다.

"출구를 나가려는데 그림들이 너무 아른거려서 다시 돌아 왔어요."

그러고는 전시 부스에 걸어 놓은 그림을 모두 사고 싶다고 했다. 처음엔 어리둥절하다가 내 그림이 누군가의 마음을 움직였다는 것을 알고는 잔잔한 감동이 밀려왔다. 게다가 그분은 작품을 전문적으로 사 모으는 컬렉터도 아니고, 화랑 관계자도 아니었다. 그날 전시했던 그림은 아이들을 그린 그림 넉 점이었는데, 자기 아이 방에 걸어 주고 싶다며 작품 넉 점 모두를 사 갔다. 그림 넉 점 값을 더하니 주부가 선뜻 지불하기에는 큰돈이었다. 잠깐 고민하더니 그분은 결국 넉 점 모두를 사 갔다. 내 그림을 보고 누군가가 감동하는 모습, 그리고 아이들을 위해 그것을 사 가기로 결정하는 것을 지켜본 날이었다. 이 날만큼 그림 그리기를 잘했다는 생각이 들었던 날도 없는 것 같다.

또 다른 페어에서는 이런 일도 있었다. 나흘 동안 라이브페인팅을 하느라 좀 지친 상태였다. 속도 조절을 하느라 짬을 내어 쉬기도 하면서 계속 그림을 그렸다. 마침 친구들이 찾아와 줘서 자리를 비우고 점심을 같이 먹으며 한참 수다를 떤 뒤 자리로 돌아왔다. 얼마 뒤 젊은 여자 분이 찾아와서는 전시 중인 그림을 사고 싶어서 계속 기다렸다고 하는 것이었다. 내 그림을 사려고 기다리는 사람이 있다니! 기다리게 한 것은 미안했지만, 무척이나 기뻤다.

"이 그림을 꼭 갖고 싶었어요."

꽃향기를 맡고 있는 여자 아이 그림이었다. 그렇게 인연을

맺은 뒤로 내게 초상화를 의뢰하기도 하고, 개인전을 열 때면 꼭 찾아와서 그림책이나 엽서를 사 주신다. 나의 그림을 꾸준히 사랑해 주고 기다려 주는 사람이 있다는 것은 정말 큰 행운인 것 같다. 내가 더 즐겁게 다음 작업을 해야 하는 이유.

이런 페어에서는 화랑을 통하지 않고 직접 내 그림의 고객들을 만날 수 있어서 좋다. 어떤 사람이 내 그림을 좋아하는지, 왜 좋아하는지, 내 그림이 어디로 가는지를 구체적으로 알게 되니 더 기억에 남는 것 같다. 2016년에 열었던 일본 개인전에서는 발레를 하는 손녀에게 선물하고 싶다고 발레리나 그림을 사 가신 분이 있었다. 자신이 소장하고자 할 뿐만 아니라 사랑하는 마음을 전하는 데 내 그림이 쓰인다는 것은 정말 근사하다.

그렇더라도 이 세상에 꼭 한 점밖에 없는 그림을 누군가에게 넘기는 일은 언제나 마음이 찡하다. 작품을 판매하는 일을 아이를 결혼시키거나 다른 이에게 입양을 보내는 것에 비유하는 까닭도 거기에 있는 것 같다. 아무리 그 그림을 직접 그린 화가라도 해도 일단 내 손을 떠나면 다시는 꺼내 보거나, 울퉁불퉁한 물감 자국을 만져 볼 수도 없을 테니까. 그러나 결코 적지 않은 돈을 지불하고 누군가가 내 그림을 사 줬을 때는 그 사람이 내 그림을 걸어 놓고 두고두고 찬찬히 봐 줄 것이라는 믿음이 생긴다. 이 또한 무척 상쾌하고 기분 좋은 일이다. 내 그림이 내게만 있지 않고 여러 사람에게 점점 퍼져 나가는 것은 언제나 기쁜 일이다. 물론 막상 그림을 떠나보낼 때는 시원섭섭, 달콤씁쓸 온갖 마음이 섞인 감정이 들지만 말이다.

## 미야자키 하야오를 만난 행운

지브리 애니메이션은 유치원에 다닐 때부터 대사를 외울 만큼 많이 봐 왔다. 나에게 알게 모르게 영향을 많이 끼쳤을 것이다. 내가 가장 좋아하는 작품은 〈천공의 섬 라퓨타〉다. 하늘을 나는 섬, 거기에 살고 있는 존재들, 내가 하늘을 생각할 때 뻗어 나가는 상상력은 대개 그 영화에서 나온 것들이다. 가장 먼저 만난 미야자키의 작품인 〈알프스 소녀 하이디〉부터 〈미래소년 코난〉과 〈바람 계곡의 나우시카〉, 〈마녀 배달부 키키〉, 〈이웃집 토토로〉까지, 내가 사랑하는 애니메이션의 대부분은 "스튜디오 지브리" 작품이다.

미야자키 하야오 감독은 《책으로 가는 문》에서 어린이 문학에 대한 견해를 밝힌 적이 있는데, 나도 무척 공감되는 대목이었다.

> 어린이 문학은 (…) 인간 존재에 대해 엄격하고 비판적인 문학

과는 달리 "태어나길 정말 잘했다" 하고 말하는 것입니다. "살아 있어 다행이다, 살아도 된다"라는 응원을 아이들에게 보내려는 마음이 어린이 문학이 생겨난 출발점이라고 생각합니다. (…) "아이들에게 절망을 말하지 마라" 하는 뜻입니다.

—《책으로 가는 문》, 미야자키 하야오, 송태욱 옮김, 현암사, 2013, 155쪽

그렇다. 나도 나의 직업이 "이런 세상이라면 살아 있기를 잘했다" 하는 생각이 들게 만들어 주는 무엇이었으면 좋겠다. 어린이가 자주 등장해서라기보다 내 작업에 담긴 세계관이 미야자키 하야오가 말하는 '어린이 문학적'인 것이었으면 좋겠다는 생각을 한다.

J 덕분에 지브리 애니메이션을 다시 찬찬히 보게 되었다. 어릴 때는 못 보았던 것들이 보이기 시작했다. 〈마녀 배달부 키키〉는 그냥 하늘을 날아다니는 마녀의 신나는 모험 이야기가 아니라 자신의 두 발로 서기 위한 소녀의 치열한 성장 이야기였으며, 〈이웃집 토토로〉는 시골에서 신기한 요정을 만나는 흥미로운 이야기가 아니라 엄마 노릇을 하는 초등학생 사츠키의 리얼한 생존기로 다시 보이기 시작했다. 어찌 된 셈인지 어렸을 때보다 어른이 되어 이 애니메이션을 보면서 더

많이 울게 되었다.

당차고 씩씩한 여성 캐릭터가 꼭 등장하는 것도 참 좋다. 남성이나 어른에게 의존하지 않고 스스로 삶을 개척해 나가는 일하는 여성이나 소녀가 등장하여 매우 자주적인 모습을 보여 준다. 사츠키, 키키, 시타, 나우시카, 소피, 라나 등 여주인공들은 말할 것도 없고 〈붉은 돼지〉에서처럼 비행기를 개조하고 고치는 것도 다 여성들이 한다.

유머 감각이 뛰어난 등장인물들은 하나같이 매력적이다. 사랑하지 않을 수 없다. 지브리 애니메이션의 감수성을 만날 수 있어서 정말 다행이다.

## 마음 가는 대로 그리기

빛이 가득한 모네의 그림을 보면 마음이 아려 온다. 작품 속의 눈부신 햇살을 보면 지나간 추억이 저절로 떠오를 것 같다. 그래서 모네의 그림을 사랑한다.

터너의 증기선 그림에서 느껴지는 생동감과 강한 필치도 좋다. 그의 그림이 담고 있는 사회성과 떼어 놓고, 그저 터너 그림에서 나타나는 거칠고 강렬한 필치에 끌린다. 햇빛, 바람과 같은 자연의 힘이 강렬하게 느껴지는 터너의 작품을 나는 사랑한다.

사람들은 수수께끼 같은 매력으로 가득한 마그리트의 그림을 좋아한다. 나는 마그리트 그림에 자주 나오는 하늘과 바다가 좋다. 나는 즉물적이고 단순한 사람이다. 마그리트의 그림을 보고 있으면 느껴지는, 자연이 가지고 있는 그 자체의 힘과 나를 다 빨아들여 버릴 것만 같은 그 기분이 너무 좋다.

이야기를 하고 보니, 내 그림은 내가 좋아하는 것들로 구성

돼 있다. 몸짓과 표정이 있는 인물과 자연, 그리고 강렬한 필치. 물론 머리로 생각한 것을 개념화해 표현하는 작품을 해야 할 때도 있다. 그게 현대 미술이니까. 그러나 전시장에서 사람들이 좋아하고 소장하고 싶어 하는 그림은 역시, 내가 그저 좋아서 손이 가는 대로 마음이 가는 대로 그린 그림일 때가 많다.

롤랑 바르트는 《기호의 제국》에서, 하이쿠를 비롯한 일본 문화에서는 서구 문학과 예술 바탕에 철저하게 깔려 있는 서사나 상징주의를 찾을 수 없는데도 예술과 문화로 성립되는 점에 감탄하기도 했다.

> "하이쿠에는 상징이나 은유, 교훈에 거의 값이 들지 않으며 그저 단어 몇 개와 이미지, 정서가 있을 뿐인데, 서구 문학은 이런 자리에 보통 하나의 시나 상세한 설명, 또는 잘 다듬어진 생각, 간단히 말해서 긴 수사학적 노동을 요구한다. (…) 하이쿠는 우리에게도 가볍고 단순하며 평범해질 권리가 있다고 말한다."
>
> —《기호의 제국》, 롤랑 바르트, 김주환 · 한은경 옮김, 웅진지식하우스, 2008, 92쪽

드라마 〈가을동화〉에서 은서(송혜교)가 태석(원빈)에게 자

신을 좋아하는 이유 세 가지만 대 보라고 하는 장면이 있었다. 태석은 생각하다 결국 "없어. 생각 안 나." 하고 말한다. 나는 그 답이 옳다고 생각한다. 정말 좋아하는 것이 있으면 그건 그냥 좋은 것이다. 좋아하는 이유를 댈 수 있을 정도로 분석적이 될 수 있다면, 그것은 '그저' 좋은 것에는 한참 미치지 못하는 것이겠지.

세상은 결국 '덕후'들이 움직인다는 생각을 가끔 한다. 의의나 역사적 가치 같은 것도 중요하겠지만 뭐가 되었든지 간에 자신이 좋아하는 것을 사랑하는 마음으로 파다 보면, 어느 순간 그곳에서 가치들이 창출되어 나가고 의미가 부여되기 시작하는 게 아니겠는가. 내가 좋아하는 것을 하는 것 자체로 충분히 가치가 있다.

그래서 나는 오늘도 용기 내어 내 마음대로 그린다.

## 누구나 한때는 어린이였다

어릴 적에는 하나님이 있어서
신기하게도 꿈을 이루어 줬다.

어릴 적에는 하나님이 있어서
매일 사랑을 배달해 줬다.

상냥한 기분으로 일어난 아침은
어른이 되었어도 기적이 일어날 수 있다.

〈마녀 배달부 키키〉 주제곡의 한 대목이다. 어릴 적 추억은 참 따뜻하고 아름답다. 어린이의 세계가 순수하고, 어른의 세계는 때 묻고, 그런 이분법적 얘기를 하고자 하는 것이 아니다. 또 현실에 눈감고 상상의 세계로 도망가자는 것도 아니다. 지구상에는 아름답지 못한 어린 시절을 지낸 사람들이 더 많을 것이다.

그렇지만 사람은 현실만 보며 살지는 않는다. 취미를 가질 틈도 없는 각박한 한국 사회에서 사람들은 가상 게임과 예능 프로그램에 열중한다. 오히려 현실이 그렇지 않기 때문에 환상이 필요하다. 현실을 모르고 꾸는 꿈이 아니라 알고도 꾸는 꿈, 그것이 동화에서의 판타지가 아닐까. 작가가 만드는 판타지. 적어도 어린이에게는 그 세계를 선물해 주고 싶다. 그리고 가능하면 우리 어른 마음속에 살고 있는 어린이에게도.

장 자끄 상뻬는 "기쁨에 대해 모르고선 인생을 살아갈 수 없다"고 했다.

옛날에는 인간이 아름답게 보였지만
지금은 그렇지가 않다.
옛날에는 천국이 확실하게 보였지만
지금은 상상만 한다.
허무 따위는 생각 안 했지만
지금은 허무에 눌려 있다.
아이가 아이였을 때
아이는 놀이에 열중했다.
하지만 지금에 와서 열중하는 것은 일에 쫓길 때뿐이다.

영화 〈베를린 천사의 시〉에 인용된 피터 한트케Peter Handke의 시 '아이의 노래Song of Childhood'의 일부다.

아무리 어렵고 보잘것없는 환경 속에 있어도, 어릴 때는 신기하게도 현실을 자신의 렌즈를 통해 각색하여 받아들이는 것 같다.

누구나 한때는 어린이였다. 그리고 많은 감수성들이 어린 시절의 경험들과 맞닿아 있다. 나는 이런 어린 시절에 대한 따뜻한 시선과 관심을 가지고 그림을 그리고 싶다. 내 그림을 보는 이들이 어쩌다가 한 번씩은 그 안에서 자신의 어린 시절을 볼 수 있기를 바라며.

일러스트레이터 크리스토프 니만Christoph Niemann이 이런 말을 했다.

> "저의 경우 예술에서 가장 위대한 순간은, 자신이 경험하고 있는 책이나 그림, 음악 속에서 자기 자신을 발견하고, '어떻게 이 예술가가 나에 대해 이런 걸 알고 있을까?' 하고 의아하게 여기는 때입니다. 작품이 놀랍도록 개인적으로 느껴지는 순간이죠. 이것이 제가 예술가로서, 그리고 또한 예술의 소비자로서 좇는 스파크입니다."
>
> —《그림으로 말하는 사람들》, 박선주 지음, 지콜론북, 2013. 353쪽.

이런 경험은 구상具象을 볼 때만 가능하지 않을까 싶다. 추상抽象이 예술가가 보편성과 법칙을 뽑아내 사람들에게 보여주는 것이라면, 구상은 정반대로 개인적이고 구체적 상황을 통해 보는 이들로 하여금 인간의 보편적인 측면을 발견할 수 있도록 한다.

나는 내 작업을 통해 그림을 보는 이들과 나 자신의 어린 시절에 말을 걸고 싶다.

## 그래도 계속하는 것은

논문을 쓰다가 다른 글을 쓰거나 그림을 그리려면 일종의 모드 전환 시간이 필요하다. 이론적인 글쓰기에 빠져 있던 상황에서 빠져나와야 다른 작업이 가능하다. 작품들에 대해 'A, B, C라는 이유 때문에 나는 이런 결론을 내린다'는 식의 분석적 사고를 하다가, 사람들 마음을 울리는 말랑말랑한 작업에 들어가려면 아무래도 시간이 필요하다.

어떤 생각을 담을 것인지, 냉철하게 그 뜻과 구조를 다 잡아 놓고 작업하는 것도 물론 의미가 있을 것이다. 그러나 이론에 너무 얽매이면 본질을 잃기도 한다. 어떨 땐 그냥 직감적으로 손을 움직이는 것이 좋다. 좋은 표현이 나오면 그 이유를 나중에 생각해도 늦지 않으니까.

의의와 설정이 완벽해도 결국 작품은 눈으로 보고 감상하는 것이다. 시각적으로 봤을 때 우리 마음에 호소하지 못하면 아무리 좋은 설명과 개념이 깔려 있어도 성공적인 작업이라고 보기 힘들 것이다. 스콧 피츠제럴드가 이런 말을 했다.

"맨정신으로 쓴 소설들은 시시해. 운세 얘기처럼 김이 빠져. 그건 감정 없이 이성으로만 쓴 글이라서 그래."

피츠제럴드는 술을 마셔 감정이 고양된 상태에 대해 언급한 것이긴 하지만, 굳이 술이 아니더라도 충분히 이해 가능한 말이다. 이성적으로 계산하고 계획해서 만든 작품은 작가의 의도를 다 담아냈을지는 몰라도 사람들의 마음에 호소하는 매력은 떨어질지도 모른다.

그림책 작업은 완전히 이성적이거나 혹은 감성적으로 접근할 수 없는 작업인 것 같다. '지금 당장'의 느낌보다는 어느 정도 시간이 흐르고, 작품과 나 사이에 어느 정도의 거리감이 생겨야 나아가야 할 방향이 보인다. 그림책 텍스트를 어떻게 해석하는지에 따라 그림의 방향도 많이 달라진다. 특히 픽션 그림책에서는 작가의 생각이 얼마나 무르익었는지에 따라 주인공과 나누는 교감의 정도가 달라진다. 그런 과정을 거치느라 그림책 작업은 몇 년씩 걸리기도 한다. 이런 과정은 무작정 붓을 잡고 그린다고 되는 것도 아니고, 머리로 열심히 생각한다고 되는 것도 아니다. 합리적이고 이성적인 부분도 당연히 필요하지만 작가가 주인공의 마음에 얼마나 공감하느냐가 그림책의 감동을 좌우하는 것 같다.

끊임없는 고민과 사유, 깊은 공감과 소통, 이 두 가지가 끊임없이 서로 엎치락뒤치락해야 작품이 앞으로 나아갈 수 있다. 작업에 지름길이란 없다. 그 대신(!) 헛되거나 쓸데없는 것도 없는 것 같다. 내가 살면서 겪는 모든 일이 다 내 안에 쌓여 작품 속에 녹아든다. 필요 없는 경험은 없는 것 같다. 그 모든 걸 겪은 뒤에야 다음 단계로 나아갈 수 있다.

나는 개인 작품도 하지만 학교에서 연구 분석도 함께 하고 있다. 긴 안목으로 나의 작업을 바라볼 때, 둘 중 어느 한쪽으로도 치우치지 않게 하는 게 중요할 것이다. 두 가지 작업의 균형, 그것이 나에게는 큰 숙제다. 공부가 잘 안 될 때는 아무 생각 없이 붓을 들어 그림을 그린다. 책을 보면서 긴장을 풀기도 하고, 학생들이나 동료들이 던지는 질문에 계시를 얻기도 한다. 그러면서 작업을 쉬지 않고 이어 간다. 이런 긴장감을 유지하는 것이 생각보다 어렵기도 하고 고통스럽기도 하다. 게다가 내가 하는 작업이란 것은 정답을 맞히고 끝내는 종류의 것이 아니다. 그저 끝없이 달리고 또 달려야 하는 마라톤에 가깝다. 인내와 끈기, 포기하지 않는 뚝심이 중요하다.

이 길이 힘들어서 포기한 사람들도 많다. 누군가는 작품을 포기하고 났더니 세상 편하다고 말한다. 물론 그 마음도 십분 이해한다. 그래도 포기하지 못하는 사람들은 그러지 않고는 살 수가 없어서인 사람들이라고 봐야 한다. 작가로 성공하려면 어떻게 해야 한다는 공식 같은 건 나는 모른다. 이 직업은 아무런 안정성도 보장해 주지 못한다. 그래도 계속하는 것은 하지 않으면 안 되기 때문이다. 경제적 성공, 안정적 삶 같은 것과는 거리가 멀다. 그런 걸 바랐다면 굳이 이 까다로운 예술가의 길을 가지 않아도 좋았을 것이다.

그래서 오늘도 괴로워하면서 이 길을 가고 있다.

# 천재가 아니라서 다행이다

나는 시각디자인을 전공했다. 처음에는 시각디자인 본연의 영역들보다는 회화, 일러스트레이션, 그림책, 교직 이수 같은 것에 열중하면서 보냈다. 그러다 다시 시각디자인으로 돌아왔다.

전공을 선택할 때 시각디자인이 무엇인지도 모르고 선생님이 가라고 하니까 그 과를 선택했다. 그래픽 디자이너가 되겠다는 꿈 같은 건 애초에 없었던 것이다. 그런데 대학에서 학생들을 가르쳐 보니, 의외로 나와 같은 학생이 많다는 것을 느낀다. 대부분은 그림을 그리고 손으로 뭔가를 만드는 것을 좋아한다. 그런데 그런 작업으로는 밥 먹기 힘들 거라는 걱정이 크다. 그래서 그나마 취업이 잘 되는 시각디자인과를 선택한다. 그런데 그래픽 디자이너가 되고 싶은 마음은 없다. 열의가 없어질 수밖에 없다.

처음부터 세계적인 디자이너들을 찾아 공부하고 트렌드가

어떤지 쫓아다니면서 그래픽 툴을 공부하는 학생은 얼마 없다. 디자인이 좋아서 이 과에 왔다기보다는 와 보니 디자인이 좋아지더라는 식이다. 디자인에 흥미가 생겼다 하더라도 어디로 가야 할지 방향을 몰라 고민하거나, 자신에게는 디자인 소질이 없다는 생각으로 절망하는 학생들도 많다. 졸업 후에 전공을 살리는 학생들이 적을 수밖에 없다.

천재는 좋은 교사가 되기 힘들다고 생각한다. 하고 싶은 것도 확실하고, 재능도 확실하며, 무엇을 어떻게 해야 할지도 분명히 손에 잡히는 천재들은 그렇지 못한 사람들을 이해하기 힘들다. 무엇을 해야 할지 고민하는 학생들에게 알맞은 자극이 무엇인지 안내하는 길잡이로는 적당하지 않은 것이다. 천재인 교사를 바라보는 학생들 입장에서도, '나도 저렇게 될 수 있겠지?' 하는 희망보다는 '나는 절대 저렇게 못 될 거야' 하는 절망이 더 클 것이다. '잘 하는 것'과 '잘 가르치는 것'은 엄연히 다른 것이다.

일단 나는 천재가 아니고, 디자인의 변두리에서 놀다가, 내가 좋아하는 것과 디자인의 접점을 뒤늦게 찾은 사람이기 때문에, 방황하는 학생들에게 '좋은 선생'이 될 수 있는 소질이 있다. 학생들이 하는 고민 가운데 나도 괴롭게 고민한 것이 있고, 공감되는 것도 많아서 도움을 줄 수 있는 부분이 있는 것이다. 내가 어렵다고 느꼈던 부분에 대해서 학생들도 그럴 것이라 생각하므로 조금 더 친절하게 설명해 주거나, 학생이 좋아하는 것과 디자인과의 접점을 찾을 수 있도록 도와줄 수도 있다. 과제를 통해 디자인이나 조형적 표현에 대한 흥미를 유발할 수 있는 실마리를 제공하거나, 삶에서 볼 수 있는 사례를 통해 이해를 유도하거나, 다루기 어려워하는 툴의 사용법을 가르쳐 준다든지, 자료를 알려 준다든지 할 수 있다. 한 우물만 파는 사람이 아니었기 때문에 가능한 것들이다. 천재가 아니라서 얼마나 다행인지.

앞으로도 이런 모자란 선생 노릇을 계속하면서 학생들에게 조금이라도 도움이 될 수 있으면 좋겠다.

## 그렇게 삶은 차곡차곡

누구나 자기만 가진 징크스가 하나씩은 있게 마련인데, 나에게는 '뭔가 이뤄지기 전에 그것에 대해 이야기하면 그 일은 잘 안 풀리게 된다'는 징크스가 있다. 그래서 누가 꿈이 뭔지, 앞으로 계획이 뭔지 물어보면 곤혹스럽다. 삶에는 여러 변수가 있어 그것들이 맞아떨어져야 일어날 수 있는 일들이 많다. 그런 여러 우연이 겹쳐서 일어나는 필연적 행운을 찾아가는 것이 삶인 것 같다.

이렇게 입 밖에 꺼냈다가 이뤄지지 않을지도 모르지만 그래도 이야기하고 싶다. 십 대 때부터 변치 않는 나의 꿈은 그림이다. 내가 만족할 수 있는 그림을 그리는 것, 내게 솔직한 그림을 그리는 것, 그리고 되도록 오랫동안 그리는 것.

"스스로에게 부끄럽지 않게……. 눈물나도록 아름답게……."

십 대 감성 그대로 지니고 있었던 학부생 시절, 내 블로그의 '상태' 문구로 썼던 말이다. 십 대 때부터 나의 좌우명이기도 하다. 십 대 때의 말이나 에피소드 중에는 돌아보면 손발이 오그라드는 것들이 많지만 이 좌우명만은 이십 대가 되어서 다시 발견했을 때도 "그래, 맞아! 이게 나지." 싶었던 글이다. 다른 많은 부분이 변했지만 이 감정만은 변하지 않았다고 느꼈다.

아이를 낳은 뒤에도 일을 계속하려는 친구와 이런 얘기를 한 적이 있다. 엄마라는 존재는 아파도 혼자 아파야 하고, 알아주는 사람 없이 스스로 챙겨야 하는 슬픈 존재라고. 가족들이 육아와 살림을 도와주고 함께하는 것과는 별개의, 엄마라는 존재의 근원적 마음가짐에 관한 이야기였다. 그 친구는 말했다.

"엄마도, 남편도 많이 도와주는데 그런데도 힘이 들어. 아이 챙기느라 다 식은 음식을 혼자 먹거나, 아이가 남긴 음식을 허겁지겁 먹거나 할 때가 많잖아. 맛도 없고 식욕도 떨어지고, 아이가 매달리니 체력도 떨어지고……."

'엄마'란 세상에서 가장 외로운 직업이라는 말이 있다. 엄마가 되고서야 그 말이 얼마나 실감나던지. 엄마가 된 뒤에야 친정엄마나 시어머니가 얼마나 힘들었을지 짐작이라도 할 수 있게 되었다. 그런데도 두 분의 의중을 먼저 살피기보다는 솔

직히 나 힘든 게 먼저다.

엄마.

그 한마디에 다른 말로 치환이 안 되는 참 여러 감정들이 떠오른다.

어찌 보면 가혹한 말.

솔직히 한국에서는 부모들이 자식에 대해 (가끔 지나칠 만큼) 신경을 많이 쓰는 것을 보게 된다. 가끔은 부럽기도 했다. 우리 부모님은 일하느라 바쁘셔서 초등학교 때도 집에 오면 할아버지, 할머니와 지냈다. 엄마가 집에 있어서 아이와 함께 이것저것 하고 많이 챙겨 주는 친구네가 항상 부러웠다. 그래서 나도 모르게 결혼 초기에, '집에만 있는 엄마, 아내'가 되고 싶었는지도 모른다. 그랬으면서 결국은 나도 '바쁜 엄마'가 되고 말았다. 지금도 학교와 어린이집에 아이들을 맡기고 이 원고를 쓰고 있다.

그러나 한편으로 생각해 본다. 만약 내가 '엄마'로서만 살다 간다면, 나중에 크긴 작건 아이들한테 어떤 대가를 바랄 거라고. 나는 그러지 않으리라 다짐해도, 사람의 마음이란 모르는 일이다. 세상에 공짜는 없는 법이니까. 그래서 나는 어느 순간 '엄마'로만 살지 않는 편이 좋겠다고 생각하기 시작했다. 나뿐만이 아니라 우리 가족 모두를 위해서.

꼭 직업을 가진 엄마일 필요는 없다. 집안일과 가사에 전념하는 엄마라 하더라도 '엄마' 이외의 삶을 가져야 아이들이 나에게 미안해하지 않아도 되는 구실을 만들어 줄 수 있고, 아이들이 다 커서 떠나갈 때 집착하지 않을 수 있지 않을까.

작가로서 일을 시작하게 된 것은 J 덕분이었지만 지금은 내가 내 삶의 끝에서 누구를 탓하거나 후회하지 않은 사람이 되기 해서, 아이들이 나에게 마음의 빚을 느끼지 않고 한 사람으로서 즐겁게 대할 수 있기 위해서, 무엇보다 내가 즐겁기 위해서 평생 동안 그림을 계속 그려 나갈 생각이다. 그렇게 차곡차곡 내 삶과 그림을 쌓아 가려 한다.

# 2부
# 나와 더 친밀해지는 시간들

## 멍 때리는 아이

"히토미짱, 또 입이 벌어졌어요. 입 다뭅시다~~."

어렸을 때 자주 듣던 말이다.

턱 밑에 아빠 손가락이 또 느껴지면 '내 모습이 우스꽝스러웠던 모양이다' 하는 수치심, '내가 또 그랬단 말이야?' 하는 자각이 동시에 일어나 머릿속이 복잡해지고 어리둥절해졌다.

나는 생각에 골똘히 잠기곤 하는 아이였다. 그 대상에 감정을 고스란히 담거나, '만약에 ……라면?' 하는 생각을 주로 했던 것 같다. 정확한 내용은 모두 기억나진 않지만, 망상을 방해받았을 때 억울했던 느낌은 고스란히 기억한다.

초등학교 때까지 즐거하던 '생각놀이'가 몇 가지 있다. 버스나 전철, 자동차를 타고 갈 때면 창밖으로 바깥 풍경이 휙휙 지나가는 것을 유심히 보았다. 그러고는 그 바깥에 내가 만들어 낸 가상의 캐릭터가 달리고 있다고 상상했다. 상상 속에서 내가 만드는 캐릭터는 닌자처럼 간판 위나 전신줄을 휘휘휙

달리고, 뛰어내리고, 공중회전도 하고, 빌딩 위로 뛰어올랐다. 비행기를 타고 구름 위에 올라갔을 때는 상상 속 캐릭터가 비행기 날개에 낑낑대며 매달려 있거나, 구름 밑으로 떨어지거나, 하늘을 자유롭게 날아다니거나 하는 상상을 했다.

'거울놀이'도 참 즐겨했다. 그냥 거울을 들여다보는 것이 아니라 거울로 천장을 비추며 집 안을 걸어 다니는 놀이다. 그러면 바닥이 꼭 천장을 뒤집은 형상으로 보여서 집이 무척 낯선 공간이 된다. 바닥에서 전등이 위로 솟아 있고 방과 방 사이에 높은 턱이 있으며, 계단을 올라가는 복도 같은 곳은 바닥이 푹 파여 있어 굴러 떨어질 것 같은 착각이 든다. 그런 이질적인 공간에 들어온 상상을 하며 아슬아슬한 기분을 만끽한다.

거울놀이를 하면서 학교까지 간 적도 있다. 집 밖으로 나오면 거울에 비친 바닥은 온통 파란 하늘이다. 끝없는 하늘에 빠져들 듯한 기분이 든다. 말로 표현하기 힘든 그 숙연하고도 아찔한 기분이라니! 익숙한 공간도 한없이 낯설어지는 재미가 있었다. 그러다 사고를 당할 수도 있으니 더 이상 하지 말라고 선생님과 엄마가 말려서 한 번밖엔 경험하지 못했지만.

내 머리 속에서 무엇을 하고 있든, 안 하고 있든, 곁에서 볼 때는 그저 '멍 때리는' 것으로 보였을 것이다. 초등학교 고학

년이 되어 학교라는 사회에서 내가 어떻게 보일지 의식하기 시작할 즈음부터 생각에 잠길 때 입이 벌어지지 않도록 스스로 조심했다. 그러나 그렇게 의식할 때는 집중을 방해 받는 기분이라 좀 찝찝했다. 2014년에 '멍 때리기 대회'가 열렸다는 기사를 보았다. 초등학생 우승자 아이 사진을 봤을 때, 나도 모르게 그 시절의 내가 생각났다. '그때 내가 이런 대회에 나갔으면 참 잘했을 텐데' 하는 생각에 피식 웃음이 나왔다.

지금은 느린 것, 기다리는 것을 가장 고역으로 생각하는 내가, 어릴 적에는 말도 어눌하고 행동이 느린 아이였으니 내가 생각해도 신기하다. 무엇을 계산하거나 판단하기보다는 단지 느끼는 것을 좋아했다. '똘똘한' 아이와는 거리가 멀었다.

밖에서 뛰어다니며 술래잡기를 하는 것보단 도화지를 상대로 그림 그리는 것이 좋았다. 운동을 잘하는 친구를 동경했지만 그 모습은 내 작품 안에 나오는 멋진 캐릭터의 모습이지, 내가 지향해야 할 내 모습은 아니었던 것 같다. 유치원 때부터 그림은 나와 친구들을 엮어 주는 장이기도 했다. 친구들이 내게 와서 그림을 그려 달라고 했고 나는 친구들이 원하는 그림을 그려 주었다. 숫기도 없고 말재주도 없는 아이였지만 그런 식으로 친구들을 사귀어 나갔다. 초등학교에 올라가서도, 전학을 가서도 그림을 통로 삼아 또래 아이들과 어울릴 수 있

었다.

조금 이야기가 빗나갔지만, 결국 이런 성격의 핵심적인 부분은 지금도 변함이 없다. 사회생활을 하기 위해 어쩔 수 없이 '비효율적인' 부분을 개조하려다 보니 어느새 그렇게 하는 게 익숙해진 것뿐, 조금 방심하면 지금도 (입은 벌어지지 않지만 보기에 따라서는 '바보처럼') 생각에 잠겨 있는 모습을 드러내 버리고 만다. 요즘은 그럴 때면 "입이 벌어졌어요" 대신 "괜찮아요?"라는 말을 듣는다. 그러면 또 번쩍 정신이 든다. 아차, 내가 또 세상 고민을 다 짊어진 듯한 표정을 지었나 보다.

이렇게 애써 멍한 표정을 숨기고 있는 내가 "지적으로 보인다"느니 하는 소리를 가끔 듣게 되었으니 그야말로 '인간 승리'다. 그러니 사람은 진짜 겉모습으로만 판단하면 안 된다.

# 첫 만년필

유치원 때인지 조등학생 때인지 확실치 않지만 어느 일요일에 아빠 사무실에 간 적이 있다. 사무실에는 책상이 여러 개 있었고, 종이 파일도 여럿 꽂혀 있었다. 그런 책상과 큰 가죽 소파에 앉아 볼 수 있는 것만으로도 기분이 들떴다. 한참 동안은 어느 책상에 이면지를 깔아 놓고 지점토로 이것저것 만들고 놀았다. 사무실을 여기저기 탐험하다 아빠 책상에서 근사한 뚜껑이 달린 묵직한 펜을 발견했다. 종이에 조금 휘갈겨 봤는데, 볼펜과는 차원이 다르게 매끄럽게 잉크가 흘러나오고 부드럽게 선을 그을 수가 있었다. 아빠에게 물어보니 "이건 만년필이라는 것"이라고 알려 주셨다. 쓰다가 잉크가 떨어지면 손잡이 뒷부분을 열어서 잉크를 갈아 준 뒤 계속해서 쓸 수 있는 것이라고 했다. 그날 이후 그 만년필은 내 것이 되었다.

한동안 모든 것을 그 만년필로 쓰고 그렸다. 일본 초등학교에서는 볼펜도 샤프도 안 되고 연필만 쓸 수 있어서 학교 말고 집에서 하는 거의 모든 것들, 그러니까 만화 그릴 때, 친구에게 편지 쓸 때, 연하장에 그림 그릴 때 같은 때는 모조리 만년필로 했다. 만년필 뒤쪽을 열고 잉크도 몇 번 갈아 보았다. 세상이 달라 보이고 신 났다.

초등학교 때 하던 학습지 '아이챌린지'에서는 매달 시험지를 풀어서 보내는 아이에게 스티커를 줬는데 그것을 모으면 여러 가지 상품을 받을 수 있었다. 사실 내가 '아이챌린지'를 한 것도 이 상품 때문이었다. 스티커를 여러 장 모으면 받을 수 있었던 상품 중에는 꽤 고가의 것들도 있었다. 이 중 내가 특히 눈독들였던 것이 '만화가 세트'였다. G펜, 원고를 쓰고 그리는 빳빳하고 두꺼운 종이들, 검정 잉크 한 통, 그리고 스크린 톤! 스크린 톤은 여러 패턴이 인쇄된 시트지인데 만화에서 배경이나 인물 옷 같은 곳에 쓴다. 집에서 이면지에 볼펜으로 끼적이다가 시판되는 만화책에서나 볼 수 있던 톤 처리를 내가 직접 해 볼 수 있다니! 내가 꼭 전문가가 된 것 같았다.

이런 물건들이 창작물 내용에 도움이 되는 것은 아니다. 그렇지만 새로운 재료와 도구를 체험해 보고 경험해 보는 것은 나쁜 것은 아니다. 내가 그린 그림의 잉크가 마르는 것을 기다려 본 경험, 모양에 맞춰서 시트지를 잘라 붙여, 종이 위에

볼록 솟아오른 시트지의 두께감을 직접 만져 본 경험은 특별하다. 인쇄되어 나온 만화책에서는 느낄 수 없었던 것들이다. 그 모든 시간들이 내가 좋아하는 것과 더 친밀해지는 나만의 시간이었다.

# 여기에 속하지 않는 사람

초등학교 2학년 때 도쿄에서 아버지 고향인 미에현三重県으로 이사 갔다. 초등학교 내내 나는 '도쿄에서 온 전학생'이었다. 내가 전학 온 지 몇 년이 지나서는 친구들은 그렇게 생각하지 않았는지 모른다. 하지만 내 마음속 어딘가에서는 졸업하는 날까지 내 자신을 '원래는 여기에 속하지 않는 사람'이라는 생각이 숨어 있었다. 한국에 와서는 두말할 것도 없이 나는 외국인이었으며, 한국인 친구들하고는 다른 잣대가 주어졌다.

'주류가 아니다.'

난 늘 스스로를 그렇게 인식했다. 그래서였을까? 내게는 늘 나와 비슷한 소수의 '주변인' 친구들이 있었다.

초등학교 때 가장 친했던 친구는 오키나와에서 전학 온 친구 T였다. 지금 생각해 보면 오키나와 사람 특유의 생김새를 가진 친구였는데 딱히 의식하지는 않았던 것 같다. T도 T 어머니도 통통한 체격에 포근한 인상이었고, 함께 있으면 편안했다. 우리는 서로의 집을 오가며 놀았고, 같이 체조 교실에도 다녔다. 학교에서는 늘 붙어 다녔다. "히토"처럼 서로의 이름을 줄여 애칭으로 불렀다.

우리 집에 친구들을 초대하여 생일 파티를 할 때였다. 엄마가 차려 주신 생일상은 근사했으며, 과자들은 하나같이 내가 좋아하는 것들이었다. 친구들이 준 선물들은 정말 멋져서 온통 마음을 빼앗겼다. 우리 집은 특별한 날이 아니면 선물을 주는 집이 아니었다. 용돈도 따로 없고 필요한 물건이 있으면 그때그때 사 주는 식이었기 때문에 내가 친구 따라 쇼핑을 가거나 하는 일은 없었다. 그래서 운동장이나 서로의 집에서 노는, T 같은 친구를 사귀게 된 것 같다. 아무튼 초등학생 때 이미 귀에 피어싱도 하고 머리 염색도 하고 배꼽티 같은 걸 입고 다니던(아마도 용돈도 받았던) 친구들이 사다 준 멋진 선물들 사이에서 T의 선물은 별로 매력적이지 못했다. T가 내게 내밀었던 선물은 T 어머니가 털실로 직접 짜 주신 삐에로 인형이었다. 부모님에게도 받지 못했던 내 전용 벽걸이 시계(문이 열리고 그 안에는 열쇠걸이를 여러 개 걸 수 있는 비밀의 방이 있었다!)와 같은 선물에 가슴이 뛰었던 나는 '이게 뭐야…' 하는 반응을 보이고 말았다.

그때 T의 표정을 나는 기억하지 못한다. 다만 밤에 엄마한테 혼났던 기억만 남아 있다. 철부지 어린이였던 나는 친구의 마음을 헤아리지 못했다. 그 뒤에도 우리는 그냥 이전처럼 지냈다. 5, 6학년 때 반이 바뀌면서 친한 친구들이 바뀌기 전까지는. 5, 6학년 때 내가 속했던 친구 그룹은 뭐랄까 일종의 '엘리트 그룹'이라고 해야 하나……. 공부나 운동을 잘하고 반에서 반장을 맡거나 하는 아이들이었다. 우리는 서로 자연스럽게 가까워졌고, 나름대로 즐거웠으며, 서로를 동경하고 존중했다. 나는 원래 반장 같은 걸 하는 스타일은 아니었는데, 5학년 즈음부터 갑자기 도전이라는 걸 자꾸 하게 되었다. 내성적이면서도 호기심은 왕성해서 '내가 잘 못하는 것을 해 보면 어떻게 될까?' 하는 궁금증을 못 참게 되었다. 그래서 조례 때 전교생 앞에서 공지사항을 전해야 하는 방송부에 가입하거나 반장에 입후보하는 것 같은 일을 하기 시작했던 때였다. 그들과 가장 가깝게 지내는 상태에서 초등학교를 졸업했다.

내가 한국에서 중학교를 다닐 때 1년 정도는 그들 중 가장 친했던 친구와 편지를 주고받기도 했다. 그런데도 희한하게 초등학교 때 가장 친한 친구가 누구냐고 하면 T가 먼저 떠오른다. 다른 친구들에 밀려 멀어졌던 T가.

T와 있을 때 내가 가장 자연스러운 그대로의 나여서 그랬

을까……. 그러고 보니 마지막 그룹에 속한 친구들 집에는 놀러간 적이 없었다.

## 나에게 십 대란

중고등학교 시절을 돌아보면 떠오르는 단어가 있다. 바로 '완전 연소'.

무엇을 위해서, 얼마나 완벽하게, 그런 것을 떠나서 그것이 무엇이든 완전히 타서 없어져 버릴 정도로 그저 열심히 했다. 그냥 그런 느낌이 든다.

중고등학교 시절부터 "너는 외국인 학생이니까" 하고 뭐든지 한국 학생들보다 기대치가 한 단계 낮은 것이 싫었다. 그리고 주변 사람들이 나를 통해 나의 부모님을 평가하고 판단한다는 압박감을 늘 느꼈다. 혹은 나를 통해 일본을 판단한다는 부담감 같은 것? 지금 생각해 보면 나라는 개인이 '일본'이라는 나라에 대한 이미지를 짊어질 필요는 없었지만, 누구든 타국에 가서 살아 본 사람은 알 것이다. 어디서든 거기서 절대다수의 사람과 다른 국적을 가진 사람이 있다면, 정도의 차이는 있어도 반드시 어느 정도는 그 나라를 대표하게 된다.

내 행동 하나에 "아, 일본 사람이라서 그런가 보다.", "일본 사람은 원래 그래요?" 같은 반응을 보이기 십상이니까. 그런 상황에서 그냥 '나' 개인일 수만은 없는 특이한 상황에 놓이게 되었다.

그 부담감의 대부분은 부모님에 대한 생각에서 비롯됐던 것 같다. 부모님과 가까운 분들은 우리 부모님에 대해 항상 좋은 말씀을 해 주셨다. 우리 부모님을 존경한다고도 하셨다. 어린 마음에 그런 부모님이 무척 자랑스러웠다. 그러나 외적인 여건만 놓고 봤을 때는 우리 집 형편이 그리 넉넉하다고 할 수는 없었다.

어리기는 했지만 나도, 내가 그리고 싶은 그림을 배우느라 우리 집 형편으로는 다닐 수 없는 학교에 다니고 있다는 것도 알고 있었고, 부모님이 떳떳하려면 내가 잘해야 한다는 생각을 했다. 부모님의 고생이 헛되지 않게 하고 싶었다. 그래서 뭐든지 열심히 했다, 닥치는 대로. 당시 선생님들이 학생을 평가하는 기준은 '좋은 대학에 가는 것'이었기 때문에 그런 대학에 합격하기 위해 노력했고, "한국에 왔으면 한국말을 제대로 해야지" 하는 말을 자주 들었기 때문에 한국말을 잘하려고 노력했고, 학교에서는 '모범생'을 높이 평가했기 때문에 바른 옷차림을 유지하려고 노력했다.

중고등학생이었을 때는 내 꿈에 대해 진지하게 탐색하거나 방황 같은 걸 할 여유가 없었다.(그런 건 대학에 온 뒤에야 시작할 수 있었다.) 내일도 없고, 오직 열심히 살아내야 하는 오늘만 있었다.

지금 돌이켜보면 그렇게 홀린 듯이 그저 무언가를 위해 달렸던 그 느낌이 주는 이상한 쾌감이 있었다. 그때는 그게 힘겹다는 생각밖에 못 했다 할지라도 말이다.

그전에도 없었고 앞으로도 없을 것 같은, 완전 연소한 6년이다.

"중간에 의미를 생각하지 말라. 산에 올라가는 의미를 생각해도 되는 이는 산을 다 오른 사람과 중간에 포기하고 내려온 사람뿐"이라는 말을 들은 적이 있다.

너무 생각만 많은 요즘, '그저' 열심히 할 수 있었던 그 시절이 각별하게 느껴진다. 그렇다고 누가 그 시절로 다시 돌아가겠느냐 묻는다면 절대 사양이다. 나에게 십 대란 그런 시간이었다.

# 나를 찾아가는 시간

요즘 어린 친구들을 보면 대학에 들어오면서부터 전공도 '미래의 전망이 밝은' 쪽으로 맞춰서 들어가고, 내내 성적 관리도 철저히 하고 여러 활동도 열심히 한다. 참 대견스럽다. 내가 학부생 때는 정말 아무것도 모르는 '애기'였는데…….

우리가 신입생이었던 2003년까지만 해도 '고등학교 3학년 때까지 죽어라 공부해 대학 들어왔으니 일단 다 잊고 놀자' 같은 분위기가 있었다. 동기 한 명은 대학 첫 학기에 중간고사를 보는 것에 놀랐다고 했다. 대학에 들어오면 더 이상 시험은 없을 줄 알았던 것이다. 그런데 1~2년 뒤부터는 새내기 때부터 엄청 열심히 성적 관리를 하는 후배들에 밀려 선배들이 하위권을 도맡는 광경들을 목격했다.(성실성이 실력을 대체할 수 있는 학교 수업 특성상 이런 현상이 일어났지만, 물론 실력과 성적은 별개의 것이다.) 갓 고등학교를 졸업한, 아직 많이 어리고 자신이 나아가고 싶은 방향을 탐색해야 하는 시절에 일찌감치 진로를 결정하고 인생을 사는 것을 보니, 놀라우면서도 안쓰럽기도 하다. 그런 친구들은 어느 시점에 자기를 찾는 방황을 하게 될까? 아니면 진로 계획 결과에 만족하고 쭉 행복하게 살아가는 걸까?

나는 대학 내내 진로를 찾아 헤맸다. 학부 시절은 공예과와 디자인과가 통합된 상태로 입학하여 1학년 때는 전반적 시각 표현과 입체 조형을 배웠고, 2학년 때 금속 공예, 도자기 공예, 제품 디자인, 시각디자인을 경험한 후 3학년부터 전공을 분리하게 돼 있었다. 다양한 분야들을 한 학기에 하나씩 접하니 내게 맞고 안 맞는 것을 알 수 있는 기회가 되기도 했지만, 맛보기처럼 지나가다 보니 그 분야를 제대로 경험했다는 생각은 들지 않았다. 시각디자인과로 전공을 정하고 나서는 컴퓨터로 하는 수업들이 많아서 좀 헤맸다. 일러스트레이터와 포토샵은 참으로 편리한 프로그램들인데, 고등학교 때까지 손으로 하던 것과 너무 달라서 거부감이 들었다.

중고등학교 내내 하던 대로 그림을 그리고 싶어서 의류학과 같은 곳을 찾아가 패션 일러스트레이션 수업을 찾아 듣기도 했다. 그리고 결국 서양화를 복수 전공했다. 50호 캔버스에 그림 그리는 수업이 좋았다. 입시 미술만 하던 때는 그렇게 큰 그림을 그릴 일이 없었다. 현대 미술 이론 수업도 흥미로웠고, 특히 드로잉 수업이 좋았다. 어떤 과정을 통해 작품을 만들어 갈 것인지 고민하게 만들어 준 수업이 기억에 남았다. 덕분에 내용에 맞는 형식에 대해서 고민할 수 있게 되었고, 꼭 회화 작품만 최종 결과물로 생각하지 않아도 된다는 걸 알게 되었다.

디자인과 수업에서는 일러스트레이션 수업이 유일하게 손그림을 그릴 수 있는 수업이었는데, 그림책을 만들어 보는 것도 즐거웠고 선생님이 보여 주신 대학원 시절의 북아트 작품들도 흥미롭게 감상했다. 막연하게나마 일러스트레이션 분야로 가고 싶다는 꿈을 더 키우게 되는 수업이었다.

한참 낭만을 꿈꾸는 나이이기도 했고, 어쩐지 회사에서 일하는 내 모습은 상상하기 힘들어 교직을 이수하게 됐다. 단계별로 커리큘럼을 짜 보고 수업 자료를 준비하는 과정이 재미있었고, 아이들 작품에서는 생각지도 못한 멋진 표현을 발견하기도 했다. 학기가 끝나면 뿌듯함을 많이 느꼈다. 교생 실습을 마칠 때는 교생 대표로 공개 수업까지 했다. 스스로 수업을 체계화하고 운영하는 것은 의외로 내 적성에 맞는 것 같았다. 결과적으로 내 첫 직업은 중학교 선생님이었다.

대학 초반에는 다른 과 학생들과 함께 듣는 교양 수업도 많았다. 앞으로 나아갈 길을 찾기도 해야 했지만, 동시에 나를

검증해야 하는 상황은 계속되고 있었다. '외국인 학생들은 잘 못한다', '예체능계 학생들은 공부를 잘 못한다'는 말이 듣기 싫어서 가산점을 받을 수 있는 발표 같은 것은 더 적극적으로 하려고 했고, 다른 학과 학생들에게 많이 배우려고 했다. 아픈 날도 수업은 결석하지 않았고, 과제 제출 시한은 반드시 지켰다. 성적 우수 장학금을 받아 부모님의 학비 부담을 덜어 드리고 싶어서이기도 했다. 간간이 일본어 과외를 해서 돈을 벌기도 했지만, 그건 생활비로 쓰기에도 빠듯했다. 복수 전공에 교직 이수까지 마치고 나니 동기보다 늦게 학부를 졸업했고, 결국 '우등'으로 졸업하게 되었다. 나중에 성적 증명서를 떼 보니 구석에 작게 '포상: 우등'이라고 적혀 있었다. 열등감에 시달리는 일이 많은 학부 시절이었지만, 작디작은 이 글씨를 보고 내 마음속 어딘가에 작은 자신감 같은 게 솟아올랐던 것 같다. 그렇게 내 인생의 또 다른 단계가 막을 내렸다.

# 누구도 손해 보려 하지 않는 세상에서

중학교 때는 음악을 전공한 친구들과 친하게 지냈다. 아이들은 매우 활달했고 함께 있으면 즐거웠다. 질문이나 화제가 끊기는 일이 없었다. 한국에 와서 학교 생활을 시작하고 처음 만난 그 친구들의 모든 것이 신선했다. 우린 서로 너무 달라서 재밌었던 것 같다. 너무 다르기에 자연스러운 내 모습 그대로일 수 있었고, 그래서 좋은 친구를 사귈 수 있었던 것 같다.

고등학교 때는 제대로 된 친구를 사귀는 게 어려웠다. 서로 경쟁해야 하는 상황에서 어떤 마음으로 친구를 대해야 할지 몰라 혼란스러웠다. 나중에 상처 받는 게 싫어서 친구에게 편안하게 마음을 열지 못했다. 그 시절 친구 가운데 나처럼 말이 없고, 자기 할 일 알아서 하고, 서로 간섭하지 않았던 친구 E가 있었다. 반장이나 분위기를 주도하는 친구들과도 친하고 싶었지만 나로서는 그 아이들을 감당하기 힘들었다.

E와 나는 그저 말없이 옆자리에 앉아 함께 음악을 들으면서 각자의 일을 했다. 점심시간이 되면 초고속으로 급식실로 달려갔다. 점심 급식이 시작된 지 얼마 안 되었을 때라 전 학년이 한꺼번에 몰려와 줄을 서서 배식을 받았다. 점심시간 내내 줄만 서다 보내는 게 싫어서 되도록 빨리 먹고 교실로 도피해 자기 시간을 가졌다.

대학에 간 뒤에도 몇 번 메일을 주고받긴 했지만 졸업하고 다시 E를 만나진 못했다. E에 대해서는 일본 만화를 좋아한다는 것 빼고는 알지 못한다. 그렇지만 고교 시절 우린 서로에 대해 많은 걸 묻지 않더라도 함께 있는 게 편했던 친구였다. 늘 붙어 지낼 만큼 가까웠다.

대학생 때 가까이 지낸 친구들은 다 지방에서 올라온 친구들이었다. 1학년 때 붙어 다니던 친구도 지방에서 올라온 밝은 아이였다. 언제나 얼굴에 기분 좋은 미소를 띠고 있었고 긍정적인 에너지로 충만했다. T를 생각나게 하는 포근한 아이였다. 입시 당일 날 면접 끝나고 기다리는 시간에 잠들었다고 했던 일화가 잊혀지지 않는다. 험난한 입시 경쟁을 겪었을 텐데도 그런 느긋함을 간직하고 있던 그 친구는 좀 특별하게 느껴졌다.

휴학했다 복학하니 동기들은 이미 고학년으로 올라가 수업

에서 마주치는 일이 없어졌고, 수업마다 다른 후배들을 만나게 되었다. 그때 후배 S를 만났다. 휴학 후 복학했다는 점에서 통했고, 몇 개의 수업을 함께 듣고 있어서 급격히 친해졌다. 판화 수업에서 생긴 일이다. 선생님이 시범을 보여 주다가 잉크가 흘러내렸다. "누구 수건 없나요?" 하고 도움을 청했으나 아무도 대답하는 학생이 없었다. 그때 S가 선뜻 자기 새 수건을 내밀었고 선생님은 사태를 수습할 수 있었다. 지저분한 판화실과 S가 야무지게 접어 놓은 새 수건이 무척 대조적이어서 뭔가 가슴이 뭉클했다.

S는 "사람들은 점점 조금도 손해를 보려 하지 않는다"고 했고, 나도 그 말에 많이 공감했다. 나는 그런 '서울 사람'에 동질화된 데 비해 S는 아무런 대가를 요구하지 않는 따스함을 그대로 가지고 있어서 좋았다.

그런 S는 나와 참 달랐다. 글씨도 무척 귀엽고 깔끔하게 썼고 손재주가 좋아 칼질도 잘하고 금속 공예도 잘 다듬었다. 구제 불능 내 금속 공예 과제를 도와서 뚝딱 완성해 주기도 했다. 스스로 낯을 가린다고 했지만 애교도 많고 눈빛이 초롱초롱한데다 목소리도 사랑스러웠다. S는 포근하고 든든하고 게다가 매력적이었다. 누가 봐도 좋아할 수밖에 없는 그런 친구였다. 지금 생각해 보면 S는 뭐가 좋아서 나랑 붙어 다니며 내게 잘해 줬는지 모르겠다.

졸업한 뒤에 S가 그냥 보고 싶어서 연락하고 밥을 같이 먹었다. S는 변한 것이 없었고, 회사에 다니며 잘 살아가고 있었다. 아이들을 낳고 나서는 누구든 만나는 게 쉽지가 않아서 가끔 톡 프로필 사진에 대고 인사를 하곤 한다. "잘 살고 있어 다행"이라고 인사하면 나도 모르게 입가에 미소가 번져 가는 그런 친구.

# 이런 나 저런 나

나의 휴대폰에는 다양한 '톡 방'들이 있다. 조리원 톡 방 두 개, 학교에서 공부하는 학생 엄마들 방, 일본 음식 정보 톡 방 등 각기 다른 카테고리로 묶인 다양한 사람들의 대화가 오간다. 어느 방이냐에 따라 나의 정체성도 달라진다.

10개월 된 둘째의 이유식을 만들 때 부분적으로 이유식 제품의 도움을 받았다. 집에서 지은 어른 밥에 물을 붓고 소고기나 계란 노른자 등의 단백질을 조리해 넣고, 동결 건조한 다양한 야채를 넣어서 죽을 만든다. 외출할 때는 제품 이유식을 쓰고, 집에서는 그렇게 만들어 먹였다. 완전히 조리된 상태로 배달되는 이유식 제품을 먹였다가 아이가 장염에 걸린 적이 있었는데, 그 뒤로는 결국 직접 만들어 먹이게 되었다. 똑같은 행동인데도 어떤 톡 방이냐에 따라서 그 뜻이 달라진다.

'조리원 톡 방 A' 엄마들은 나를 제외하고 모두 이유식 제품을 사 먹인다. 아이가 둘인 엄마도 있고, 아이가 하나인 엄마도 있다. 일하는 엄마는 없다. '조리원 톡 방 B' 엄마들은 모두 직접 재료를 갈아서 이유식을 만든다. 이 방 또한 첫 아이를 낳은 엄마와 둘째를 낳은 엄마가 섞여 있다. 학생 엄마가 한 사람 있고, 나머지는 전업 주부다. A 방에서 내 행동은 "둘째 이유식까지 만들어 먹이면서 정성스럽게 육아하는 엄마"라는 평을 듣고, B 방에서는 "동결 건조된 야채 같지도 않은 야채로 이유식을 만들어 먹이는, 아이에게 전념하지 못하는 엄마"가 된다. 대학원 엄마 톡 방에서는 이유식 제품을 사 먹이는 것이 당연한 일이고 반찬 배달을 어디서 시키는 것이 좋은지 서로 정보를 나누고, 아기 돌봐 줄 이모님, 집안일 도와줄 이모님에 대한 정보가 오간다. 아이를 낳은 다음 달에 연구실을 나오라는 교수님 이야기, 육아와 집안일, 커리어 사이에서 고군분투하는 여성들이 신세 한탄하는 곳이기도 하고 서로 토닥이고 격려하는 곳이기도 하다.

내 행동은 하나인데, 그 방에 모인 사람이 누구인지에 따라 그 평가가 매우 달라진다. 요즘처럼 여성들이 이렇게 다양하게 살아가는 때도 없다는 생각이 든다. 그만큼 여성들이 가지는 잣대, 여성들을 보는 시각이 다양하게 존재하는 것 같다.

일본의 어느 심리학 책에서 이런 구절을 보았다.

"남성은 자신과 다른 삶을 사는 타 남성에 대해 배척을 하지 않는 데 비해, 여성은 자신과 다른 삶을 사는 여성을 보면 왜 배척감이나 질투심을 느낄까? (…) 현재 사회에서 여성들은 어떤 것을 선택하든지 간에 그 선택에 따라 잃는 것이 발생하기 때문이다."

그래서 자신이 가지지 못한 것을 가진 다른 여성에게 질투심을 느낀다는 것이다. 결혼이나 출산과 같은 변화로 인해 경력이 단절된 여성이 압도적으로 많을 것이므로, 이런 반응은 어쩌면 당연할지 모르겠다.

어쨌든 정답은 없다. 다만 나와 다르다고 해서 '틀린' 것이 아니라는 것만은 명심했으면 좋겠다. 나와 완전히 같은 사람은 있을 수 없기에, 삶이란 어느 정도 나와 다른 사람들을 이해하며 받아들이고 함께 살아가는 과정이 아닐까 싶기도 하다. 서로 다르니까 이해를 못 하기도 하지만, 서로 다르니까 재미있기도 하다. 국적, 전공, 직장, 취미, 연령 등 많은 것이 달라도 비슷한 시기에 아이를 낳았다는 조건 하나로 서로 응원해 주고 아이들의 성장을 축하해 주고 유익한 정보를 주고받는다. 비슷한 시기에 아이를 낳지 않았다면 절대로 만날 일이 없었을 그녀들과 친구가 되고 서로의 집을 오가고 있다. 나와 많이 다른 그녀들이 있어 내 삶이 풍족해진 것만은 확실하다.

아무튼 인생이란 참 알 수 없는 것이다. 지금은 그녀와 나를 갈라놓고 있는 (것처럼 보이는) 경계선을 언제, 누가, 어떤 계기로 넘나들게 될지는 아무도 모르는 일이다. 그래서 뭐든지 너무 빨리 단정 짓거나, 나와 다르다고 비난하거나 불안해하지 말고, 그냥 남과 다른 '나'로 살아가는 데 익숙해졌으면 좋겠다. 그리고 '나와 다른' 누구와 사귀는 일에도.

## 작가, 그리고 엄마

'예민하고 까칠한 작가인 나'와 '인자한 엄마인 나' 어느 쪽이든 한쪽만 하고 살면 참 좋을 텐데……, 하는 생각을 자주 한다.

창작을 한다는 것은 내 마음이 드러내는 작은 소리를 잘 살펴야 하고, 때론 깊이 집중해야 하는 일이다. 갑자기 떠오른 아이디어를 써내려가야 할 때도 있고, 앉아서 아무것도 안 하기도 하면서 적당한 긴장의 끈을 놓지 말아야 하는 일이기도 하다. 아직 이루어 내야 할 것을 이루기 전, 특히 큰 구상이 잡히기 전일 때 나는 아주 예민하고 까칠해진다. 이런 정신 상태로 있는 엄마는 아이 입장에서 보면 당연히 바람직하지 않다. 특히 아이들이 어릴수록.

일을 시작하기 전, J를 돌보며 보냈던 1년은 참 행복했다. 틈만 나면 이유식 책을 펼쳐 들고 뭘 만들어 먹일까 고민하거나, 육아 일기를 썼다. 낮잠 시간에는 J 손톱을 자르거나, 로션을 발라 주거나, 가끔은 자는 J 옆에 누워 함께 자기도 했다. 처음 하는 육아에 몸은 피곤해도 다른 생각이 끼어들 틈도 없이 마음은 평화로웠다. 아기가 깨면 도서관에 데려가 책도 읽어 주고 공원도 함께 산책하고 이쁜 짓 하는 것, 걸음마 떼는 것을 기쁨으로 지켜보고 또 기록했다.

하지만 내 이름을 건 일을 하게 되면서부터 상황은 달라졌다. 일은 아이에게 가야 할 시간을 줄이고 끊임없는 관심과 몰입과 최소한의 물리적 시간을 요구했다. 프로의 세계란 그런 것이다. 각자의 사정을 봐주거나, 엄마라고 해서 특별하고 다른 잣대를 기대할 수 없고, 해서도 안 되는 곳이다.

내게 허락된 낮 동안의 시간은 내가 해야 할 일들을 마치기에는 늘 부족했고, 저녁에 집에 와서 아이와 함께 지내면서도 머리로는 작업에 대한 고민을 할 때가 많았다. 하기로 한 일을 메모조차 하지 못하고 자꾸 까먹는 답답한 순간들이 부지기수였다. 자괴감과 온갖 복잡한 자기 연민을 안은 채로 아이들을 먹이고 씻기고 맞장구쳐 주고 재웠다. 아이들이 잠들면 이것도 하고 저것도 해야지 마음먹곤 했지만 함께 잠들어 버리곤 했다. 아침에 일어났을 때 스스로에게 느끼는 실망감이란 이루 말할 수 없다. 더 이상 아이를 위한 음식을 만들기 위해 이것저것 알아보거나, 아이와 함께 무엇을 해 보려고 계획하거나 하는 마음의 여유는 사라지고 없다. 그러면서 아이가 혼자 놀아 주기를 은근히 바라게 됐다. 몇 년 동안 아이를 재우고 나서 비몽사몽간에 가느다란 의식의 끈을 붙잡고 좀비처럼 일어나 일을 했는데, 작은 J를 낳고 나서는 몸이 아직 완전히 회복되지 않아서 더 힘들어졌다. 마음 한쪽은 해야 할 일들, 내가 더 알아야 할 것들에 대한 생각과 그것이 잘 될까 하는 걱정을 한가득 안고, 다른 마음 한쪽은 아이들을 좀 더 포근하고 다정하게 안아 주지 못하고 언성을 높였던 것을 후회하고 '내 이런 행동 때문에 아이가 잘못되지는 않을까?', '이런 시간이 다시 오지 않을 텐데…' 싶어 자책하고 후회한다. 건강까지 삐걱거리는 스스로도 불쌍하고, 누구에게도 줘버릴 수 없는 불만을 품고 삶을 원망하기도 한다. 왜 이렇게 사는 게 힘들까, 하고. 그럴 때면 '내가 너무 일찍 가려고 하는 건가?', '조금 더 작은 J를 키우고 나서 다시 시작할까?', '좀 쉬었다 갈까?' 수없이 고민하고 망설인다.

사실 어느 한쪽만 하라면 인생에 무슨 고난이 있을까 싶고, 엄청 잘 해낼 수 있을 것 같다.(한쪽만 해도 삶은 고단할 테지만, 원래 자기가 가지 않은 길에 대해선 끝도 없이 꿈꿔 보는 거다.)

그 유명한 '착한 사마리아인 실험'도 그렇고, 버트런드 러셀

이 《게으름에 대한 찬양》에서도 말하고 있듯이 사람들은 일에 대한 부담이 적고 여유가 있을 때 주변 사람을 너그럽게 대하고 공감도 하고 더 배려를 할 수 있는 선한 본성이 발현되는 측면이 있다. 분명히.

냉정한 가슴과 차가운 머리로 해내야 하는 일들, 집중과 헌신이 필요한 일, 할 수만 있다면 더 잘해 내고 싶은 일에 대한 열정.

다른 한편으로, 나를 바라보는 작은 눈동자들과 내 보살핌이 필요한 작은 손들, 아이들과 근심걱정 없이 웃고 안아 주고 한없이 평화롭고 싶은 엄마로서의 마음.

이 상반된 두 가지 모드를 집에 들어감과 동시에, 아니 집 안에서도 시간대에 따라 스위치처럼 딱딱!! 켰다 꺼야 하는 게 무척이나 버겁고 힘이 든다. 어떨 땐 그저 울고 싶기만 하다. 이러다 내가 망가지지나 않을까 걱정도 된다.

밥을 먹는 동안 아이디어가 생각이 나면 아무 생각 없이 그대로 책상에 앉아 끼적이고 싶은데, 그러다 보면 아이가 먹어야 할 약을 챙기는 것을 까맣게 잊어버리기도 한다. 내가 없는 방 밖에서 아이 울음소리가 들려온다. 나 대신 상을 치워 줄 사람도, 그 아이를 달래 줄 사람도 없다. 생각을 접고 아이들에게 가야 한다.

언젠가 이렇게 정신없이 지냈던 시간들에 대해 웃으며 이야기할 때가 올까. 원래 인생은 그런 거라면서…….

아직은 이 순간들에 대해 웃으며 이야기하지 못한다. 내게는 아직 지나가지 않은 오늘이고, 현재진행형이기 때문이다. 그저 하루하루 감당하며 살아 낼 뿐이다.

그래서 요즘엔 이렇게 생각하려 애쓴다. 어차피 완벽한 상태, 내가 바라는 대로 모든 것이 갖춰진 일상은 불가능하다. 그게 인생이다. 그러니 늘 삐걱거리고 뭔가 마음에 안 드는 게 당연하다. 포기하지 않고, 어떻게든 지금 상황에서 최선을 다하는 수밖에 없다…. 그렇게 말이다. 그렇게 생각하면 이상하게 마음이 조금 편해진다. 그래, 아예 그만두는 것보다는 하루 한 걸음이라도 천천히 계속 나아가는 것이 중요하다. 멈추지만 말고 걸어가자.

## 삼십 대라는 것

삼십 대에 막 들어섰을 때, 나는 약간의 우울증을 겪었다. 어느 나이인들 쉽지는 않겠지만 나에게는 삼십 대가 특히 더 힘들었다. 왜 그런가 생각해 보니 삼십 대는, 우선 세상 앞에 내가 무엇이라고 내세울 만한 대단한 성취는 없으면서 더 이상 아이같이 굴 수가 없는 어중간한 나이여서 그런 게 아닌가 싶다.

임신과 출산으로 삶이 달라진 시기이기도 하고, 일도 본격 궤도에 오르기 전인데 일에만 매달리지도 못하는 때, 그게 나의 삼십 대였다. 이십 대 때 좀 더 해 둘 걸…… 하고 후회되는 것들도 몇 떠오르지만, 그렇다고 시간을 거꾸로 되돌릴 수는 없다. 출산 후 몸도 예전 같지 않고, 뭐 하나 제대로 되는 게 없는 것 같아서 우울해지는 나이인 것이다.

삼십 대는 또 친구와 맺은 연대가 약해지는 시기이기도 하다. 아이를 중심으로 삶이 돌아가고 인간관계가 형성되다 보니 결혼이나 출산의 시기가 다른 친구들과 점점 멀어지고, 공통의 화제도 적어진다. 애써 시간을 만들지 않으면 1년에 몇 번 만나는 것조차 힘들어지고, 그마저도 아이를 데리고 정신없이 얘기를 나눠야 하는 경우가 대부분이다. 같은 아이 엄마라 할지라도 각자 놓인 상황이 다르면 공감하기 힘든 경우들도 의외로 많다. 나에게는 여동생이 가장 편하고 가까운 존재인데, 아직 결혼도 하지 않은 여동생에게 마음을 털어놓는 것도 쉽지 않다. 혹시라도 애가 결혼생활이나 인생을 비관하게 될까 봐 겁나서 맘 편히 속을 털어놓기 힘들다. 그러다 보면 내 어려움을 이야기할 사람이 단 한 사람도 없다 싶어 우울해진다. 어차피 인생 혼자 사는 거구나, 울적한 결론에 다다르고 마는 것이다.

무슨 뾰족한 수가 있는 건 아니고, 그냥 그 시기를 겪어 내는 수밖에는 없다. 그런 단계를 피하는 건 불가능하거니와 좋은 방법도 아니고, 그런 단계를 거쳐서 다음 단계로 가야 삶이 좀 나아지는 것 같다. 조금씩이라도 무언가 이루어 나가고, 다른 한편으로 내가 하지 못하는 것을 놓는 법도 배우면서.

요즘은 감사하는 연습을 하고 있다. 코란에는 "감사하는 사람에게 더 많은 것을 베풀어 행복하게 할 것"이라는 말이 있다고 한다. 작은 것이라도 감사하는 사람은 행복을 얻을 수 있지만, 크고 많은 것을 얻고도 감사하지 않는 사람은 불행해진다는 것이다. 요즘의 나에게서는 감사하는 법을 잊어버린 채 불행을 자초하는 사람의 모습이 자주 보인다. 반성했다. 그동안 나는 내게 없는 것, 모자란 것을 극대화시키면서 그것을 내 발전의 동력으로 삼아 왔다. 그러다 보니 행복과는 더 멀리 떨어지게 되었고, 점점 더 초조하고 불안감만 커져 갔다. 앞을 볼 수 있다는 것, 음식을 먹을 수 있다는 것, 두 다리로 걸어 움직일 수 있다는 것, 부모님이 계시다는 것을 당연하다고 여길 수도 있을 것이다. 그러나 나에게는 당연한 것들이 누군가에게는 허락되지 않은 삶일 수도 있다. 너무 당연하게 여겨져서, 잃어버리지 않고서는 소중한 줄 모르는 것들이 있다. 그래서 감사하는 연습을 하는 일은 중요하다. 내내 불행하게 살다가 죽기 전에 후회하는 삶, 그렇게 삶을 마무리하기는 싫다.

삼십 대가 되면서 좋게 변한 것도 물론 있다. 먼저 다른 사람들과 세상에 조금 더 관심을 갖게 된 것이다. 전에는 어딘가 가는 동안이나 작업을 할 때 내가 좋아하는 음악을 반복해서 들었는데, 요즘은 라디오나 팟캐스트를 듣는다. 틈만 나면 다른 사람들이 무슨 생각을 하고 무엇에 대해 어떻게 이야기하는지 알고 싶어서다. 사람들이 살아가는 이야기를 듣는 것

이 즐겁다. 음악도 내 플레이리스트를 듣는 것보다 누가 틀어 주는 것을 지나가다 우연히 듣게 되는 편이 더 좋아졌다. 그러면서 나와 다른 생각에도 귀를 기울여 보고 감정 이입도 해 보면서 내가 단정 지었던 것들을 다시 한 번 생각해 보게 되었다. 그렇게 지내다 보니 어느새 삶이 조금 살 만해진 것 같다. 이유는 정확히 모르겠지만. 다른 사람의 말을 들을 여유가 생겼다는 것은 좋은 신호일 것이라 믿는다.

## 나의 동료 작가들

같은 일을 하는 친구가 있다는 것은 참 좋다. 내 작품에 대한 의견을 구하는 데 도움이 되어서가 아니다. 나는 개인적으로 작업이라는 건 혼자 하는 것이라 생각한다. 다른 사람에게 의견을 물어볼 수는 있지만, 다른 이의 의견에 휘둘리게 되면 작품이 산으로 가 버릴 수도 있다. 같은 일을 하는 벗에게서는 나와 비슷한 삶을 살아가는 사람이 있다는 데서 오는 연대감, 든든함을 얻게 되어 좋다.

그림책 작가인 이들 가운데 몇몇 사람들과 모여 서로의 작업 이야기를 나누고 의견을 주고받는 모임을 가진 적이 있다. 그때는 몰랐는데 돌이켜보니, 참 귀하고 만들기 힘든 기회였다는 생각이 든다. 각자 그림 몇 장면씩을 모아 새해 달력을 만들어서 출판사에 보내는 등 혼자서는 선뜻 하기 힘든 일도 함께 이루어 뿌듯해하기도 했다. 또 모임 작가 중 누군가가 전시라도 할라치면 다 같이 몰려가서 축하해 주었다. 그러나

아쉽게도, 삼십 대 여성 작가들 모임이다 보니 결혼이다 임신이다 출산이다 육아다 함께 모이는 일이 점점 힘들어졌다. 사람들이 들쑥날쑥하면서 지속되었던 모임은 1년 정도 지나자 자연스럽게 해체되었다.

직접 만나지는 못하지만 소셜네트워크를 통해 최근 작업을 볼 수 있고, 전시 소식도 알게 된다. 한번은 J가 유치원에서 책을 받아 왔는데, 내가 아는 작가의 책이었다. 얼마나 반갑던지…. 내 일처럼 뿌듯했다. J에게 자랑했다. "이 책 그림, 엄마 친구가 그린 거다!" 그랬더니 또 J는 엄청 신기해한다.

아이를 낳고도 작품 활동을 계속하는 또래 작가를 만나기가 쉽지 않다. 왕성한 작품 활동을 하는 지인 중에는 독신이거나 전업주부 아내가 있는 남성 작가들이 더 많은 것 같다.(작업으로 가족 모두의 생계를 책임지는 일 또한 보통 일이 아니며 매우 존경하고 있다.) 그만큼 창작 활동을 이어 간다는 것이 어렵다는 뜻이겠다. '프리랜서'라고 하면 사람들은 흔히 우아하고 낭만적인 모습을 떠올린다. 스케줄도 자유롭게, 카페 같은 곳에 앉아 여유롭게 작업하는 모습 말이다. 그러나 사실 직장에 출퇴근하는 사람 못지않게 규칙적인 작업 시간이 필요한 일이다. '엉덩력'이 없으면, 전력으로 매달리지 않으면 불가능한 일이다. 또 남들과 다르게 산다는 것은 그만큼 책임도 따른

다. 자기가 선택한 만큼 누구를 탓할 수도 없는 것이다. 보기 싫은 직장 상사 안 봐도 되고, 나 하기 싫은 일은 안 하면 그만일 것 같아 좋아 보인다는 사람도 있다. 그러나 오히려 스스로 도태되지 않기 위해 하기 싫은 일도 억지로 맡아야 하는 때도 많다. 자유롭게 열려 있는 한편 자신이 모든 걸 개척해야 하는 불안감도 있다.

바로 그래서 나와 같은 처지에서 꿋꿋하게 작업을 이어 나가고 있는 작가 친구들의 존재 자체가, 그리고 그 연대감이 큰 힘이 된다. 특히 아이가 있는 여성 선배 작가들의 존재는 그 자체로 내게 희망을 준다. 용기 잃지 않고 작업을 계속할 수 있도록 힘이 되어 주는 모든 동료 작가들에게 감사한다. 늘 응원합니다!

3부

# 달라서 다행이야

## "조금 이따가!"

"조금 이따가!"

J가 하는 말 중 가장 듣기 싫은 소리다. 특히 밥을 다 차려놓고 밥 먹으러 오라고 할 때 이 소리를 많이 한다. 기껏 해 놓은 요리에 관심이 없으니 일단 김이 샌다. 뭘 해 먹일까 고민하고 열심히 요리도 했는데, 그 시간이 모두 헛된 일이 되는 것 같아 힘이 빠지는 것이다.

내가 이런 얘기를 하면 우리 엄마가 그런다.

"너도 똑같았어~."

이런, 할 말이 없네. 어릴 때 나는 혼자서도 가만히 그림을 그리고 있는 아이였다. 그런 나를 위해 엄마는 이면지가 떨어지지 않도록 신경을 써 주셨다. 밥 먹으라고 불러도 오지 않아서 가 보면 책상에 앉아 이면지들에 그림을 끼적이고 있더란다.

초등학교 때 내 꿈은 만화가였다. 지금도 일본의 친정집 내 책상에는 초등학교 시절 내가 그렸던 만화들이 꽂혀 있다. 중고등학교 때만 해도 누가 보기라도 하면 큰일이라고 생각했다. 그러면서 내가 죽기 전에 꼭 없애야 할 물건이라 여겼다. 그렇게 부끄러워했는데, 지금이라면 피식 웃으며 볼 수 있을 것 같다. 그림 연구를 하겠다면서 애니메이션이나 만화를 참 열심히 보았다.

당시 즐겨 봤던 만화는〈란마1/2らんま1/2〉,〈유유백서幽☆遊☆白書〉,〈캣츠 아이キャッツ・アイ〉,〈구세주 전설 북두의권救世主北斗の拳〉,〈슬램덩크SLAM DUNK〉,〈루팡 3세ルパン三世〉,〈트랩 일가 이야기トラップ一家物語〉 같은 것들이었다. "스튜디오 지브리"의 애니메이션들,〈마루코는 아홉 살ちびまる子ちゃん〉,〈미소녀 전사 세일러 문美少女戦士セーラームーン〉,〈마신영웅전 와타루魔神英雄伝ワタル〉,〈시끌별 녀석들うる星やつら〉…… 같은 것들을 사랑했다. 열거하면 끝이 없다. 이 중 가장 빠졌던 건 〈란마1/2〉과 〈유유백서〉, 〈북두의권〉이었던 것 같다. 〈란마1/2〉이나 〈유유백서〉에 나오는 인물들이 싸움도 잘하고 닌자처럼 뛰어다니는 것이 그렇게나멋있어 보였다. 생각해 보니 내가 그린 만화도 주로 주인공인 여자 닌자가 격투기로 적을 물리치는 내용이었다.

분류 기준이 뭔지 모르겠지만 만화도 용도별로 만들었다.

여러 주제로 나누어 그렸는데, 그중 기억나는 한 가지는 '감기 걸려서 누워 있을 때 읽는 만화'였다. 참, 내가 생각해도 웃기는 아이였네.

"밥 먹어!"

내가 부를 때 J는 주로 피아노를 치거나 텔레비전을 보는 중이시다. J도 무언가 자기의 세계를 구축하는 중인 모양이다. 내 어린 시절을 잊지 말아야지.

## 그림책 읽어 주던 아빠

연년생 동생이 있어서였을까. 어릴 적부터 엄마보다는 아빠와 더 많이 놀았다. 중고등학생이 되면 여자아이들은 아빠를 피하거나 싫어하는 친구들도 있었지만 정말이지 난 아빠가 너무 좋았다. 공원에 갈 때도, 자전거 타는 연습을 할 때도 아빠와 함께였다. 그중에서도 아빠 무릎에 앉아서 그림책을 찬찬히 들여다보던 시간은 그야말로 가장 행복한 시간이었다. 나중에 들으니 아주 어릴 적의 나는 밤에 자기 전에 열 권도 넘는 그림책을 들고 와서는 "이거 읽어 줘!" 하는 아이였다고 한다.

아빠가 읽어 주는 그림책은 참 재미있었다. 목소리도 듣기 편했고, 그림책 등장인물이니 감정에 따라 다 다르게 읽어 주셨다. 본문 사이사이에 의견이나 설명도 추임새처럼 넣어 주셔서 지루할 틈이 없었다. 아빠 목소리를 배경으로 그림책 속 그림에 마음껏 집중할 수 있었던 행복한 시간들이었다. 반짝

거리는 보석들, 곰돌이가 맛있게 반죽하는 밀가루, 집을 터져 버리게 만든 갓 구운 빵의 버터 냄새, 설탕을 굳혀서 만든 유리의 맛……. 궁금하고 호기심 넘치는 내용들로 가득했다. 시각적인 자극을 넘치도록 받고, 무한한 상상을 펼칠 수 있었다. 지금도 어릴 적 보던 그림책들의 그림을 생생하게 떠올릴 수 있다. 날마다 J에게 그림책을 읽어 주는 날을 보내게 되고서야 아빠가 하루에 열 권 넘게 읽어 준 게 얼마나 대단한 일인지 알게 되었다. 정말 쉽지 않은 일이었을 거다. 아빠, 고마워!

그러니 아무리 생각해도 아빠를 좋아할 수밖에 없다. 지금 우리 집에 있는 그림책들을 뒤져 보니 "후쿠인칸쇼텐福音館書店"이나 "도신샤童心社", "이와나미쇼텐岩波書店"과 같은 훌륭한 출판사 책들이 많다. 사촌들 중에 나랑 내 여동생이 좀 어린 편이다 보니, 친척들이 보던 '좋은' 책이 죄다 우리 집에 모인 것 같다.

아주 아기 때는 마쓰타니 미요코松谷みよ子가 쓰고 세가와 야스오瀬川康男가 그린 《없다 없어, 까꿍!》, 세나 게이코せなけいこ의 《당근》 같은 〈싫어 싫어〉 시리즈, 와카야마 켄의 《아기곰 쿠마야, 안녕》 같은 아기 그림책들을 즐겨봤다. 좀 더 커서는 마거릿 와이즈 브라운이 쓰고 진 샬럿이 그린 《모두 잠이 들어요》, 고우야마 요시코가 쓰고 가키모토 고우조가 그린

《토끼의 의자》, 기요노 사치코의 〈논탕ノンタン〉 시리즈, 마쓰이 다다시가 쓰고 아카바 수에키치가 그린 《복숭아 동자》, 가코 사토시의 〈다루마〉 시리즈, 그리고 니시자와 쇼타로가 쓰고 하세가와 토모코가 그린 《버리면 안 돼すてちゃだーめ》를 비롯한 〈히카리노쿠니ひかりのくに 월간 그림책〉 시리즈의 책들이 기억에 많이 남아 있다. 특히 〈히카리노쿠니 월간 그림책〉 시리즈는 한 권 한 권이 다 너무 재미있어서 안 좋아한 책이 없을 정도다.

초등학교 국어 교과서에 그림과 함께 수록되어 있었던 《으뜸 헤엄이》, 아놀드 로벨의 〈개구리와 두꺼비〉 시리즈, 사이토 류스케가 쓰고 다키다이라 지로가 그린 《모치모치 나무》, 미야가와 히로가 쓰고 하야시 아키코가 그린 《윙윙 실팽이가 돌아가면》과 같은 작품을 재미있게 보았다. 교과서에 실렸던 작품 중 그림책은 아니지만, 사이토 히로시가 쓰고 스기우라 한모가 그린 《교양 있는 고양이 많이 있어와 루돌프》, 데라무라 데루오가 쓰고 와카야마 시즈코가 그린 〈임금님〉 시리즈는 도서관에서 따로 후속 단행본 시리즈를 찾아서 보았다.

그런 행복한 기억들 때문인지 초등학교 4학년 때 동아리 활동을 시작하면서 가장 먼저 찾아간 곳도 '그림책 만들기' 동아리였다. 주제도 이야기도 마음대로, 하고 싶은 걸 정한 뒤 그림과 글을 썼다. 학기가 끝날 때쯤 선생님께 제본 방법을 배웠고, 그럴듯한 책 꼴로 만들 수 있었다. 분홍색 암컷 공룡에 빠져 있던 때여서 공룡 알에 대한 이야기를 쓰고 그렸다. 집에서 맨날 이면지에 만화를 휘갈기고 스테이플러로 찍어서는 책이라고 했는데, 진짜 책처럼 만들 수 있었던 것이 마냥 좋았던 것 같다. 내 첫 그림책은 지금도 친정집 내 책상에 꽂혀 있다.

나는 그런 어린 시절을 보냈지만, 요즘 아이들은 다르다. 종이 책보다는 태블릿 컴퓨터나 영상 콘텐츠에 더 익숙하다. 아이티 강국인 한국이라 더 그런지도 모르겠다. J는 아빠에게 그쪽 동네 소통 방법을 배우는 편이지만, J가 한글을 익히면서부터는 남편도 종이 책을 읽어 주곤 한다. J가 한글을 읽어 내는 게 신기한 모양이다. 아주 가끔은 일본에서 내가 가져온 그림책을 아이 아빠가 더듬더듬 띄엄띄엄 읽어 주기도 한다. 일본어 연습을 하는 셈이다. 어쨌든 자신에게 맞는 방법으로 아빠와 딸이 뭘 같이 한다는 건 그 자체로 참 좋은 일이다. 이런 시간들이 하나씩 쌓여서 J가 미래에 하게 될 어떤 일의 토대가 되어 줄 것이다.

## 엄마도 그렇게

어렸을 때 엄마와 놀았던 기억은 별로 없다. 아빠가 우리랑 놀아 주실 때 엄마는 밥하고, 설거지하고, 목욕 준비를 해 주셨겠지. 그래서인가, 엄마는 항상 바쁘고 여유 없어 보였다.

중고등학교 때, 엄마는 늘 바쁘셨고 어질러진 집에서 밤에 지쳐 쓰러져 주무시곤 했다. 그런 엄마에게 나는 선뜻 내 이야기를 꺼내지 못했다. 나는 나름대로 삶이 고단하고 버거운데, 여유가 없는 엄마는 내 처지와 환경에 대해 뭐 하나 제대로 아는 게 없어 보였다. 지나치다 싶을 만큼 부모님의 보살핌을 받는 친구들을 생각하면 내가 더욱 초라해졌다. 엄마의 그런 모습을 보면 삶이 한없이 불안하게 느껴졌다.

대학생이 되고 나서는 엄마의 가치관이 나와 너무 달라서, 마치 다른 세계에서 살아가는 것 같았다. 내 생각과 고민을 이야기해 봤자 말이 통하지 않을 것 같아 아예 시도조차 하지 않게 되었다. 엄마와 나 사이에는 점점 화제거리가 없어졌고 내 삶에 대해서 이야기하려면 어디서부터 설명해야 될지 모르는 지경에 이르렀다. 그러면서 엄마에게 화내는 일이 많아졌다. 겉으로는 멀쩡하게 대할 때도 속으로 마음을 열지 않고 대하게 되었다.

엄마가 된 뒤에는 나는 J에게 그런 엄마가 되고 싶지 않다는 생각을 하게 됐다.

어느 수요일 아침, 멀리 강의를 가기 위해 일찍 맞춰 놓은 알람 소리에 깼다. 우중충한 날씨 때문인지 평소보다 더 고된하게 느껴졌다. 몸을 겨우 일으켜 세워 어둠 속에 앉았다. 잠을 깨기 위해 눈을 감은 채로 등을 펴고 좌우로 구부리며 스트레칭을 하다가 문득 엄마의 굽은 등이 떠올랐다.

지난번에 우리 집에 오셨을 때, 거울에 비친 당신의 굽은 등을 낯설어 하시던 모습에 여러 생각이 들었다.

"나는 지금 등이 거꾸로 휜 것처럼 엄청 힘을 줘서 펴고 있는데, 그래야 겨우 멀쩡해 보이네."

엄마의 등뼈 중 하나는 압박 골절되었다. 20년도 더 된 교통사고 후유증이다. 거기에 생활습관과 고령 출산 등 여러 요인들이 겹쳐 등이 그리 되었을 것이다.

만 36세에 첫 아이인 나를 낳으신 후 40대 중반까지 세 아이를 낳고 모두 모유로 키우셨다. 그러다 보니 앉은 자세로 기절

하듯 잠드는 경우가 많아서 뼈가 그렇게 굳어 버린 것이다.

불안하거나 떨릴 때 등을 약간 구부리면 나도 모르게 편안해진다. 겁과 걱정이 많은 것은 원래 성격 때문인지, 아이를 둔 엄마라서 그런 건지, 혹은 두 가지 모두가 원인인지는 알 수 없다. 나도 요즘 의식적으로 펴려 하지 않으면 등이 둥글게 휘어 가는 걸 느낀다.

문득 내 모습에 엄마 모습이 겹쳐 보였다.

'엄마 나름대로 세상을 살아가는 게 버겁고 힘드셨던 걸까?'

'나처럼 불안에 삼켜지지 않으려 몸부림친 걸까?'

아이들 재우다 같이 잠들어 버리는 내 모습에 쓰러지듯 잠들던 엄마 모습이 겹쳤다. 엄마도 그렇게 당신을 돌볼 시간과 여유가 없으셨던 거구나…….

내가 보았던, 그리고 어쩌면 내가 싫어하고 연민을 느꼈던 엄마 모습을 내 안에서 발견할 때가 있다. 둘째 아이가 19개월 즈음이 되어서야 겨우.

내 아이들에겐 내 모습이 그렇게 기억되지 않았으면 좋겠다. 노력한다고는 하지만, 생각만큼 쉽지는 않다. 어쩌면 나 역시 내 눈에 비친 우리 엄마와 마찬가지 모습으로 보일지도 모르겠다.

지금은 나보다 엄마가 J와 많이 놀아 주신다. 장난감을 숨기고 찾는 놀이를 즐겨 한다. 둘이 깔깔 웃으면서 시간 가는 줄 모르고 논다. 엄마도 어릴 때 잠자리에서 할아버지, 할머니가 들려주는 옛날이야기를 들었다는데, 원래 자식 키우면서는 여유가 없어서 못 하던 것을 할아버지, 할머니가 되면 할 수 있게 되는지도 모르겠다.

## 내게는 100퍼센트인 사람

남편과는 은사님의 소개로 처음 만났다. 조금은 수줍게, 그러면서도 부드럽게 말하는 모습이 편안했고, '좋은 사람' 같아 보였다. 그이의 눈은 늘 웃음을 머금고 있었다. 결혼을 전제로 만나다 얼마 지나지 않아 결혼했다.

'배우자는 하나님이 주신 선물이다.'

그렇게 생각해 왔다. 결혼한 뒤에도 상대방에게 내가 더 잘해 주면 된다고 생각하면서 살았다.

남편과 나, 둘 다 첫 교제여서 많이 서툴렀다. 요즘 말로 '밀당' 같은 것도 할 줄 몰랐다. 그렇지만 함께 '첫 무엇'을 해 본다는 것은 우리 사이를 특별하게 했다. 그런 관계에서는 서로 숨길 수도 없고 꾸밀 수도 없어서 있는 그대로의 모습으로 만나게 된다. 그런 관계는 적어도 진실됐고, 우리는 서로에게 대체 불가능한 유일한 상대라는 합의가 마음에 들었다. 무라카미 하루키의 말을 빌리자면 남편은 내게 '100퍼센트의 남자'였다.

인간관계에서는 무엇보다 신뢰가 중요하다고 생각한다. 성별을 떠나서 활달한 사람, 유머 감각이 있는 사람, 뭐든지 잘하는 팔방미인 능력자, 분위기 메이커…… 이런 사람들은 인기가 많다. 그러나 잠깐 동안이라면 모르지만 평생을 함께할 사람을 판단할 때는 유머 감각이나 외모, 능력이나 가진 것보다 '진실됨'이 조금 더 중요한 것 같다.

무리하게 꾸민 모습으로 누군가를 만나기 시작하면 그 사람을 만날 때마다 까치발 들고 지내야 한다. 가까운 사람 앞에서 평생 동안 가면을 쓰고 살아야 한다면 그것보다 더 슬픈 일이 또 있을까? 나다운 모습으로 만나는 것이 자연스러운 사람. 그리고 내 존재 있는 그대로 보여 주면서 부딪히고 만나는 사람. 나에게 우리 남편은 그런 사람이다.

그런 모습이 다른 이에게도 좋아 보였던 모양이다. 언젠가 데이트를 마치고 밤 지하철을 타고 집으로 가는 길이었다. 둘 다 피곤해서 서로에게 기댄 채 졸고 있었다. 내릴 역이 가까워서 일어나 보니 남편 무릎에 아주 작게 접힌 종이 조각이 있었다. 열어 보니 이런 글귀가 적혀 있었다.

"두 분 너무 보기 좋아요. 오래오래 행복하시길……."

낯선 누군가가 굳이 이런 쪽지를 남기고 내렸다고 생각하니 좀 신기해서 기억에 남았던 사건이다.

우리는 사랑 말고는 아무것도 가진 것이 없었다. 하지만 그거면 충분했다. 그리고 그것 말고는 아무것도 바라지 않았기 때문에 잃을 것도 없었다. 나는 그런 우리 관계가 참 좋다.

## 달라서 다행이야

만약 나와 비슷한 사람과 평생 살아야 한다면 얼마나 힘들까? 일단 그 상대방이 나처럼 행동하는 것을 보면, 나 자신의 감정이나 생각의 흐름을 알기 때문에 상대방의 행동 그 배후 감정이 다 읽힐 것이다. 나도 내 단점이 싫은데 상대방이 그 단점을 가지고 있다면 더할 것이다. 또 상대가 나와 똑같은 장점을 갖고 있다고 해 봐야 나는 내 장점이 신기하지도 않고 그런 것을 동경하지도 않으니 그다지 매력적으로 느껴지지도 않을 것 같다.

그런 점에서 우리 부부는 하나부터 열까지 참 달라서 다행이다. 예를 들어, 자잘한 생각까지 교감해야 직성이 풀리는 나에 비해 남편은 무슨 생각을 하는지가 얼굴에 잘 드러나지 않는다. 어쩌면 정말로 아무 생각을 안 하고 있는지도 모르겠다. 내가 말이 없는 경우는 생각이 너무 많아서 어디서부터 말해야 할지 모를 때뿐이다. 남편과 나는 성향이나 분야가 대부분 극과 극, 정반대이다. 즐겨 보는 텔레비전 프로그램이나 영화 성향도 다르고 휴일을 보내고 싶은 방식도 다르다.

J도 남편도 상황을 긍정하는 데 능한데 나는 아니다. 스스로를 늘 과소평가한다며 나더러 더 자신감을 가지라고 그들은 말한다. 수학자들은 대체로 행복하다는데, 그건 정답이 정해져 있기 때문이라는 얘기를 들은 적이 있다. 반면 예술가들은 가장 행복지수가 낮다고 한다. 바로 정답이 없기 때문이다. 이런, 망할……, 너무 설득력 있어서 슬프다. 그리고 남편과 내가 왜 이렇게 다른지도 납득이 갔다. 수학은 내가 가장 싫어하는 과목이었고, 그이가 가장 좋아했던 과목이다. 미술은 내가 가장 좋아했던 과목이고, 그이가 가장 어려워했던 과목이다.

J도 나랑은 참 다르다. 나처럼 무뚝뚝하지 않고 마음을 곧바로 표현하는 편이다. 내 딸이 나보다 애교가 있어서 참 좋다. 나는 말로 하는 것이 쑥스러워서 표정으로 드러내거나 껴안거나 툭툭 치거나 악수를 하는 등의 몸짓언어로 마음을 표현하는 것이 편하다. 그런데 J는 자기가 느낀 것을 말로 곧잘 표현한다. "미안하다"는 말도 잘한다. 어떨 땐 참 대견하고 다행스럽다. 내가 할 줄 모르는 것을 그들은 할 줄 안다. 그런 점에서 서로 다른 것은 때론 이롭기까지 하다.

어릴 적부터 나는 파란색이나 하늘색 옷을 즐겨 입었다. 엄마가 사 오거나 누군가에게 받은 옷이 아니라 내가 선택할 수 있는 경우라면 거의 반드시 파란색 계통의 옷을 샀다. 그 색이 가장 나의 마음에 맞는 색이었고 파란색 옷을 입으면 내가 '나다워진다'고 느꼈다. 파스텔 계통의 색도 괜찮았다. 내가 절대로 자진해서 고르지 않는 색이 있다면, 그것은 바로 빨간색이다. 너무 뜨겁게 느껴지는 색이었고 빨간색 옷을 입으면 스스로가 낯설어서 뭘 해도 집중이 잘 안 되었다. 그런 내 옷장에도 요즘에는 한두 벌 정도 빨간색 옷이 섞여 있다. 우리 시어머니는 내가 빨간색 가방을 들고 다니면 '보기 좋다', '예쁘다'고 좋아하신다. 얼마 전 누가 선물해 준 약간 주황빛이 도는 빨간색 가방을 메고 나온 날이었다. 예전 같으면 잘 안 메고 다녔을 텐데 그런 일이 몇 번 있고 나니 어쩌다가 한번씩은 빨간색 아이템을 착용하게 되었다. 아주 가끔은 빨간 립스틱도 칠해 보고 말이다.

이렇게 나와 다른 사람들과 어울리고 섞이면서 나라는 사람에게 화학반응이 일어나고, 이런 작은 변화들이 쌓이면서 나는 조금씩 편식이 적은 사람이 되어 간다.

## 게으를 권리

내 주변에는 같은 공부를 한 부부가 몇 있다. 서로의 작업을 잘 알고 있어서 조언도 해 주고, 각자의 작업을 이해해 주니 좋다고 한다. 그런데 우리 부부는 전공이 완전히 다르다. 정반대다. 그래서 세세한 부분에 대해 의견을 구하는 건 어렵다. 대신 서로를 한없이 우러러본다.

남편은 내가 조금만 뭘 끼적여도 감탄한다. 반대로 학기말 성적 처리하느라 엑셀과 씨름하는 나에게 남편이 클릭 몇 번으로 보여 준 신세계는 한없이 놀랍다. 엑셀 만든 사람은 진짜 천재라는 둥, 엑셀로 게임을 할 수도 있다는 둥 남편의 말을 듣고 있자니, 주로 구체적이고 귀납적 방식으로 살아왔으며 구체적인 경험을 토대로 생각하는 나와 달리 논리와 수식의 세계에 사는 남편이 새삼 신비롭게 보인다.

처음 만났을 때는 우리에게 공통의 취미 같은 건 없었다. 살면서 같이 만들어 가고 있다. 서로에게 조금씩 영향을 주고

받으면서 달라지는 중이다. 원래의 내 성격이라면 하지 않았을 새로운 일들도 남편과라면 문제없다. 이를테면 밤의 한강 산책 같은 것.

나는 '집순이'인데다가 원칙주의자 같은 면이 있다. 그러니 남편이 아니었다면 평소라면 잠들었을 시간에 한강을 거니는 일 같은 건 없었을 것이다. 그렇지만 그이와 J는 이런 일을 순순히 신나하고 즐길 줄 안다. 처음에는 어색해했던 나도 어느 순간 '그래, 때로는 괜찮지…….' '인생 뭐 있나? 이런 맛에 사는 거지!' 하게 된다. 내일 할 일 생각 따위 놓아 버리고 한강의 바람과 냄새를 느끼게 된다. 음, 솔직히 아직은 느끼려고 노력하는 단계인가?

나는 워커홀릭은 아니지만, '해야 할 일'이 있으면 '하고 싶은 일'을 못 한다. '하고 싶은 일'을 하기 전에 반드시 '해야 할 일'을 끝마쳐야만 하는 성격이다. 그렇지 않은 상태에서 놀면 노는 데 집중이 안 된다. 그러나 남편은 반대다. 적어도 내 눈에는 그렇게 비친다. 우선 하고 싶은 것을 먼저 즐겁게 한다. 그러다 해야 할 일은 기한이 닥쳐서야 해치우는 편이다. 처음에는 나와 너무 달라서 남편의 행동을 이해하기가 힘들었다. 그러다 같이 보내는 시간이 늘어 가면서 남편을 다시 보게 되었다. 남편이야말로 폴 라파르그가 말한 '게으를 수 있는 권리'를 제대로 누리고 사는 삶의 주인이 아닌가, 싶을 정도다.

저녁 시간을 보내는 방식도 나와 그이는 참 다르다. 나는 아이들과 함께 있는 저녁이라도 요리를 해야 하고 치우고 씻기는 일이 먼저여서 아이들과 놀아 줄 여유가 없다. 짬이 난다 해도 끝내지 못한 '내 일' 생각이 먼저 난다. 반대로 남편은 해야 할 집안일 같은 건 신경 쓰지 않는다. 대신 짧은 시간이라도 아이와 집중해서 논다. 아이가 하자는 것을 해 준다. 그렇다고 아이와 뭐 별다른 활동을 하는 건 아니다. 함께 소파에 누워 그저 텔레비전 화면을 같이 바라보는 게 전부일 때도 있다. 뭐, 그 또한 괜찮다. 어쨌든 아이와 시간을 공유하는 거니까. 내 어린 날을 생각해 봐도 그렇다. 어렸을 때 아빠가 내가 보는 텔레비전 프로그램을 지나가다 잠깐 같이 보시고는 뭐라 말씀하시면 그게 그렇게 신이 났다. 아빠와 내가 시간을 공유했다는 데서 오는 기쁨이 있었다. 그리고 아빠가 내가 즐겨보는 것이 뭔지 관심을 가졌다는, 혹은 내 관심사를 있는 그대로 받아들여 준 데서 오는 기쁨이 있었다. 잠깐 같이 봐 주시고 아빠는 이내 자리를 떴다. 그러면 또 속으로 얼마나 시운하던지. 아빠에게는 이게 시시하구나, 아쉬웠던 기억이 지금도 생생하다.

이야기가 조금 빗나갔지만 아무튼 남편과 나의 관계는 그

런 것 같다. 넓은 모래사장에서 자잘한 쓰레기들을 줍느라 분주한 나, 그와 달리 한 번씩 커다란 파도로 몰아쳐 싹 다 휩쓸고 지나가는 남편.

J는 외모도, 성격도 아빠를 좀 더 닮았다. 그래서 가끔 이해가 안 가기도 하고 낯설기도 하고, 사랑스럽기도 하며, 대견하기도 하고 부러운 한편 다행이라 느끼기도 한다. 욕심인 줄 알면서도 J는 우리 둘의 좋은 점만 닮기를 은근히 바란다.

# 엄마 딸 아빠 딸

미운 일곱 살이라고 했던가. J가 점점 말대답도 많아지고 말의 꼬리를 물고 늘어지거나 "싫어!" 하는 횟수가 많아졌다. 무엇을 하라는 말에 "알겠어!" 바로 대답한 게 언제였는지 기억이 가물가물하다.

혼을 내다 보면 엄마인 나도 감정적이 되기도 하고 서로에게 상처 주는 말이 나도 모르게 튀어나온다. 그런 날 밤, J는 자리에 누우면 다시 아기 같아진다.

볼에 뽀뽀해 주면 꼬옥 안기며, "엄마, 아까는 미안했어." 한다. 그러면 나도 이렇게 말한다. "엄마도 미안했어." 그래, 삶은 이 맛이지.

다음 날 장 보러 간 마트에서 J가 고른 것은 '엄마 딸'이란 글자가 돋을새김되어 있는 머리핀. '엄마 딸'이란 말도 참 재미있다. 당연한 말인데, 그 말이 담아내는 형언하기 힘든 뉘앙스가 정말 사랑스럽다.

그날 저녁 집에 온 아빠에게 J는 '엄마 딸' 핀을 샀다고 자랑했다. 남편은 "아빠는?" 하면서 슬픈 표정을 짓더니, 어깨를 축 늘어뜨렸다.

그 다음에 마트에 갔을 때, J는 '아빠 딸' 핀을 샀다.

## 여러 사람 안에 사는 나

세상에는 나보다 능력이 좋은 사람, 돈이 많은 사람, 힘이 있는 사람들로 넘쳐난다. 내 존재가 보잘것없이 느껴지고, 혼자서 세상과 맞서 싸운다는 생각이 들기라도 하는 날에는 내가 설 자리는 이 세상 아무데도 없는 것 같다.

그렇게 한없이 작아지는 날에도, 내가 두 J의 엄마라는 점을 되새기면서 힘을 내야만 한다. 어쩌다 발을 다쳐서 발목에 붕대를 감고 다녀야 했던 때의 일이다. 하루는 어린이집 수첩에 이렇게 적혀 있었다.

"J가 놀이 시간에 종이 블록에 앉아 두 손을 모으고 기도를 하고 있는 거예요. 무슨 기도를 하냐고 물어 보니, 엄마 다리 다쳐서 기도하고 있대요! 어찌나 기특한지요. 어머님이 많이 부러웠어요!"

친구들과 즐겁게 노는 시간이었을 텐데, 그때 J에게는 노는 것보다 엄마 다리가 더 중요한 문제였던 것이다. 딸을 걱정시키는 엄마라니, 반성해야 할 일이었다.

아이들도 가끔 꿈에서 무서운 일을 겪을 때가 있다. 잠자던 J가 갑자기 일어나더니 내 품에 안겨 "엄마, 절대 죽으면 안 돼!" 하면서 슬프게 운다. 엄마가 죽는 꿈을 꿨단다. 떨리는 J의 등을 가만히 토닥이면서 생각했다. 모자란 나지만, 내 아이들에게 나는 얼마나 큰 존재인가!

얼마 전이었다. 밖에서 겪은 이런저런 일 때문에 스트레스 지수가 꽤 높은 상태였다. 몸은 집에, J 옆에 있는데 마음은 다른 곳에 가 있었다. 한껏 예민한 상태였다. 그때 J가 나에게 와서 "엄마, 웃는 얼굴 해 봐." 하는 것이었다. 그 말을 듣고 어떻게 웃지 않겠는가. 피식 웃었더니 J가 함박웃음을 지으며 "사랑해! 쪽!" 하고 갔다. 내가 얼마나 찡그리고 있었으면 J가 그랬을까, 하는 생각이 가장 먼저 들었다. 엄마가 행복하기를 바라는 J의 마음이 느껴져 짠하기도 했다. 미안하기도 했다. 그러면서 엄마가 한 번 웃어 준 걸로 저렇게 행복해하다니, J에게 나는 얼마나 대단한 존재인지 또 한 번 느꼈다.

항상 웃는 일, 물론 쉽지 않은 일이다. 적어도 J에게는 '늘 노심초사하는 엄마'의 모습이 아니라 평소에도 늘 웃고 있는 기분 좋은 엄마로 보였으면 좋겠다. 평소에도 웃는 것이 나로서는 사실 굉장한 노동으로 느껴지지만, J를 위해서니까. 열심히 연습하면 자연스럽게 웃는 얼굴이 되지 않을까.

나는 그냥 나이기도 하지만 두 J의 엄마, 엄마 아빠의 딸, 남편의 아내, 그리고 시부모님에게는 며느리다. 수많은 역할 때문에 버거울 때도 있지만 그 모든 것이 얽혀 있는 사람이 바로 지금의 나인 것도 사실이다.

그래도 온전히 나이기만 하던 시절의 나보다는 여러 역할을 거치면서 달라진 내 모습이 좀 더 좋다. 내성적이고 소극적이던 내가 이렇게 많은 사람들과 부대끼며 살아갈 줄은 생각도 못 했다. 이런 나로 살게 해 준 모든 이에게 고맙다.

## '나'보다 '우리'

"사람은 혼자 살아갈 수 없어."

흔해빠진 말이다. 예사로 흘려듣던 이 말을 요즘에는 엄청 실감하면서 곱씹는 중이다. 예전에는 남의 도움을 받지 않고 보란 듯이 혼자 뭐든지 해내는 사람이 멋있다고 생각했다. 그게 능력 있는 사람인 줄 알았다. 나는 특히 누가 내 일에 참견하는 것을 반기지 않는 사람이다. 나와 다른 이의 속도가 현저히 다를 때는 차라리 나 혼자 하는 것이 편했다. 그쪽이 성취감도 더 컸다.

그러나 아이들을 키우면서부터는 달라졌다. 누군가의 도움 없이 산다는 건 불가능하다는 걸 절실히 깨닫게 되는 것이 바로 육아다. 급한 일이 생겼을 때 아이와 잠깐이라도 놀아 줄 사람, 아이가 아플 때 적절한 대처 방법을 알려 줄 곳, 고민이 있을 때 상의할 친구, 투덜거림을 들어 줄 동생, 육아 용품은 어떤 게 좋은지 정보를 주는 사람……. 이 모두가 사람들과 연결되어 있어야 하는 일이다.

아이를 가지고 낳는 과정에서 내가 무력하다는 것을 많이 느꼈다. 내가 결정할 수 있는 것이 거의 없었기 때문이다. 아이를 가지는 타이밍, 아이의 성별, 아이의 생김새, 아이의 건강 상태, 아이가 태어나는 날까지, 모두가 내 선택과는 무관했다. 자연 분만을 할지, 제왕절개를 할지 선택도 온전한 내 선택이 아니라 내 몸의 상태, 아이의 상태에 따라 좌우되는 것이었다. 작은 J를 낳기 전에 한 번 유산을 했는데, 그런 일을 겪기 전에는 유산을 한 사람이 그렇게 많은 줄 나는 몰랐다. 사람들이 굳이 말하고 다니지 않아서 드러나지 않을 뿐, 내 주변 사람만 해도 세 명 중 한 명꼴로 유산을 경험했다. 사람들이 모두 마음대로 아이를 가지는 시기를 정하며 사는 것 같지만 내 주변만 봐도 그렇지 않은 경우가 더 많다.

아이가 아프거나 다쳐서 입원을 하게 되면 또 어떤가. 그때 내가 할 수 있는 것은 고작 아이 옆에서 살피고 기도하는 것뿐이다. 인생에는 나 혼자 책임질 수 없는 일들이 너무 많다. 나이가 들수록 확신할 수 있는 일들도 점점 줄어든다. 아이를 키우다 보면 무신론자라 해도 '절대자'를 찾게 되는 순간이 찾아온다. 초월적인 존재에게 매달려 애원하게 되는 순간 말이다. 한없이 겸손해지고 작아지는 순간, 그저 간절히 비는 것 말고는 아무것도 할 수 있는 게 없는 그런 순간이.

미디어에는 매일 무서운 뉴스가 넘쳐난다. 어쩌다 아이를 대상으로 한 끔찍한 사건이라도 접하는 날에는 두려움과 불안에 몸서리친다. 엄마로서 이 아이들을 어떤 상황에서도 굳건히 지켜낼 수 있을까? 내가 어쩌지 못하는 상황이 온다면 어떻게 해야 할까? 최악의 상황을 머릿속에 그려 보면서 어쩔 줄 모르게 된다. 이럴 때는 내 곁에 있어 주는 사람이 누구든 그저 고맙고 반갑다. 아이들을 혼자 돌볼 때면 이 사랑스러운 아이들을 잘 지켜내지 못하면 어쩌나 하는 불안감이 커진다. 어른이 한 명이라도 더 같이 있어서 그 상황을 공유만 할 수 있어도 그 마음이 많이 누그러진다.

일을 하는 데도 마찬가지다. 아무리 능력이 좋고 똑똑한 사람이라도 한정된 시간과 경험, 체력 안에서 살아가야 한다. 그렇다면 한 사람보다는 둘이 있을 때 나눌 수 있는 지혜가 많고, 둘보다는 셋이 있을 때 할 수 있는 일이 더 많다.

"Two heads are better than one."

사람은 각자 지닌 장점이 다 다르다. 줄 수 있는 것도 다르다. 평범한 여러 사람이 힘을 모으면 한 사람의 능력자보다 더 큰 힘을 발휘하게 되는 것은 그런 까닭이다.

내가 대학원을 진학하고 박사 과정을 마칠 수 있었던 데는 우리 시어머님의 힘이 컸다. 대학원 진학부터 어머님이 격려해 주셔서 시작할 수 있었다. 특히 박사 논문을 쓰는 동안 나를 많이 붙잡아 주셨다. 작은 J를 가졌을 때는 더 힘들었다. 강의도 계속했고, 큰 J도 돌보아야 하니 외식도 잦아졌다. 중간에 유산기가 있어 입원도 했다. 해야 할 일은 태산인데 몸이 따라 주질 않아 늘 불안하고 초조했다. 그래서인지 작은 J를 낳고 나서 면역력이 많이 떨어져 몸에 두드러기가 나고 식사 제한까지 해야 했다. 먹는 것도 마음대로 못 먹는 채로 갓 태어난 작은 J에게 두 시간마다 젖도 먹였다. 가려움과 불안함에 밤마다 울었다. 이렇게 괴로운데 왜 살아야 하는 걸까, 하는 생각까지 했다.

작은 J가 5개월 때 첫 논문 발표를 했고, 그 뒤 1년 동안 세 번이나 더 심사를 받았다. 3차 심사를 앞두었을 때는 집 이사까지 겹쳐 그야말로 첩첩산중이었다. 집은 짐 정리가 안 돼 엉망이고, 작업할 도구들은 어디 있는지 알 수가 없고, 피부는 가렵고, 작은 J에게 젖 먹이느라 밤에는 잠도 푹 못 자고, 심사를 통과한다는 보장도 없고……. 너무나 절망적이어서 눈물밖에 안 났다. 다 내팽개치고 싶었다. 그때 어머님이 말씀하셨다.

"그래도 해 봐. 다 때가 있는 거야. 내가 애기 봐 줄 테니까."

어머님이 안 계셨다면 포기했을 것이다. 그때부터 시어머니가 우리 집에서 생활하기 시작했다. 잠도 우리 집에서 주무시고, 낮에는 아이들을 돌봐 주셨다. 집안일도 거들어 주셨다. 낮 시간만 가지고는 시간이 턱없이 부족했고, 건강까지 망가지니 정말로 포기하고 싶은 순간이 한두 번이 아니었다. 그래도 자료와 재료를 하나하나 찾고, 새 집에 작업실도 만들고 나니 그럭저럭 끝이 보이기 시작했다. 작품도, 논문도 그렇게 마무리되었다.

시어머니는 저녁 6시까지 아이들을 돌봐 주셨다. 학교에 일이 생겨 그 시간을 못 맞출 것 같으면 엄청 조바심이 났다. 남편이라도 일찍 들어오면 다행인데 그러지 못하는 날은 정말 죄송스러웠다. 그럴 때도 어머님은 "조심히 와. 서두르지 말고 천천히 운전해." 말씀해 주시곤 했다.

낮 시간에 논문을 쓸 수 있게 작은 J를 돌봐 주신 것도 물론 감사한 일이다. 그러나 나는 그것보다 내 칠흑 같은 절망의 시간을 함께 견뎌 주신 게 더욱 감사하다. 돈을 주면 아이 돌보미를 고용할 수는 있겠지만, 그 시간을 함께 겪고, 내 등을 밀어 격려해 줄 수 있는 것은 시어머니가 아니면 힘들었을 것이다. 엄마가 되고 나서 어머님과 많이 가까워졌는데, 박사 논문을 쓰면서 어머님과 더 끈끈한 사이가 된 것 같다.

아버님께는 참으로 죄송하다. 시어머니가 우리집에 와 계시는 바람에 아버님은 졸지에 홀아비 생활을 하시게 됐다. 그 시간을 묵묵히 견뎌 주신 아버님께도 정말 감사드린다. 논문 마무리할 때쯤 시어머니 몸이 안 좋아지셔서 일본에서 엄마가 와서 도와주었다. 작은 J까지 두고 공부를 계속하고, 강의를 하고, 작품 활동을 한다는 것이 결코 쉬운 일은 아니었다. 우리 가족 모두의 희생과 도움 덕분에 여러 고비를 무사히 지나왔다.

나는 앞으로도 절대 혼자 살 수 없을 것이다. 나에겐 이제 '나' 보다 '우리'가 더 익숙하다.

## 운 좋다는 말

타인에게 해도 되는 말과 해서는 안 되는 말이 있다. 그중에서도 '운 좋다' 하는 말은 남에게는 절대 하면 안 되는 말 같다. 스스로에게나 할 수 있는 말이라 생각한다.

사람들이 흔히 하는 착각. 누군가 힘들다는 말을 하지 않으면 그 사람은 그저 뭐든지 쉽게 이룬 것처럼 여긴다. 뭔가 축하받을 일이 생긴 이를 보면 '저 사람은 참 행운이구나!' 생각한다. 나도 그렇다. 그 뒤에 숨은 노력과 고충, 인내 같은 것을 먼저 생각하는 데는 게으르다.

나는 무척이나 예민한 사람이다. 솔직하게 내 감정을 표현하는 데 많이 서툴다. 그래서 눈물이 많은 사람을 보면 축복받았다고 생각한다. 자기가 얼마나 힘든지, 어떤 상황에 놓여 있는지 이야기하다가 눈물 흘리며 감정을 토해 내는 사람이 부러운 것이다. 나는 누군가에게 힘들다, 슬프다, 고맙다, 미안하다는 감정을 자연스럽게 드러내지 못한다. 내가 그러면 상대가 어떻게 생각할까를 먼저 걱정한다. 그런 나를 보면서 상대가 느낄 감정적인 동요나 당혹감을 어떻게 해야 할지도 잘 모르겠다. 귀엽지도 않고, 손해만 보는 성격이다. 가끔은 이런 내가 참 원망스럽다.

정말로 힘들 때는 '힘들다'는 말이 잘 안 나온다. 오히려 힘든 티조차 내지 못하는 것 같다. '힘들다'는 말을 입에 담는 순간, 지금 닥친 상황을 감당 못 하고 스스로 무너져 버릴 것만 같아 오히려 애써 아닌 척 스스로에게도 연기를 한다.

사람들을 만날 때는 더 건강한 듯 화장도 하고 안 떨리는 척, 자신 있는 척, '할 수 있다', '괜찮다'는 말을 하면서 스스로를 밀어붙인다. 그렇게 하지 않으면 아무것도 못 할 것만 같다. 그러다 어느 순간 뻥! 하고 폭발해 버린다. 그렇게 되면 당하는 사람은 황당하다. 어떤 전조 현상도 없이 폭발해 버렸으니 말이다.

이런 사랑스럽지 못한 성격은 내가 맏이여서 그런게 아닌가 싶다. 십 대 때 이런 말을 입에 달고 살았다.

"내게 언니나 오빠가 있었다면 좀 더 귀여운 성격이었을 텐데 말이야."

이건 진심이다. 맏이는 알게 모르게 부모님의 눈치를 많이 본다. 동생들이 필요로 하는 것들에도 신경써야 한다. 부모님이나 동생들이 하는 말 하나하나를 다 귀담아듣고 내 행동을 어떻게 생각하는지 반응을 살핀다. 그래서 솔직하게 감정을 표현하지 못하는 사람이 된 것 같다. 내 감정을 드러내기보다는 주변 사람들의 생각을 짐작하여 맞추는 데 익숙하다. 그러다 보니 누가 내 속을 진심으로 궁금해 하거나 세세하게 물어봐 주지 않는 이상, 내 속마음을 먼저 이야기하기 힘들다. 내가 생각해도 참 답답하고 성가신 성격이다.

그래서 가끔씩 내 감정과 생각을 있는 그대로 담아 보고 정리해 보는 시간이 필요하다. 돌이켜보니 내 작업들은 이런 의식의 연장선에 있는 것 같다. 특히 지금 쓰고 있는 이 에세이와 같은 작업은 더욱 그렇다.

이런 글을 쓰고 있자니 다시금 우리 큰 J에게 내가 너무 내 의견을 강요하지는 않았는지 되돌아보게 된다. J는 어리광도 부릴 줄 알고, 슬픈 장면을 보면 엄마나 아빠 앞에서 울 줄도 안다. J가 나를 닮지 않게 하려면 나도 좀 더 감정을 솔직하게 드러낼 연습을 하는 게 좋을까?

# 4부

# 안녕하세요? 히토미입니다

내가 한국에 온 것은 열세 살, 중학생 때다. 초등학교를 졸업할 당시만 해도 '한국'으로 간다고 하면 그게 어딘지 모르는 친구들이 태반이었다. 내가 한국에 오고 싶다고 한 게 아니다. 부모님을 따라온 것뿐이다. 그렇지만 내게는 지극히 자연스러운 일이었다.

어릴 적부터 한국어와 한국 사람들을 자주 접하면서 자랐다. 부모님 지인 중에 한국 사람들이 많이 있었다. 덕분에 한국이라는 나라에 대해서 어릴 적부터 친근감을 품고 있었다. 물론 막상 와서 살아 보니 문화는 정말 많이 달랐지만 말이다. 친한 친구의 어머니도 한국 사람이셨고, 가끔 부모님이 한국 출장을 다녀오시면 한국 인형이니, 치마저고리니, 리본 달린 빨간 신발이니, 해바라기 씨앗 초콜릿이니 하는 선물을 사다 주셨다.

일본에 사는 한국 분들에게 꾸준히 한국말을 배워서 중학교에 입학할 때쯤에는 "여기에 연필이 있습니다." "제 이름은 히토미입니다." "만나서 반갑습니다." "감사합니다." 정도의 한국말을 읽고 쓸 수 있었다. 하지만 책으로 배운 것은 역시 지식에 불과하다. 한국어 교재나 선물로 받은 물건에는 항상 한복 입은 사람들과 한옥이 그려져 있었다. 처음에 한국에 왔을 때 그런 모습을 상상했다가 크게 놀랐다. 일본과 똑같은 고층 빌딩에, 차도 많이 다니고 사람들도 한복이 아니라 양복을 입고 다니는 것이었다.

그중에서도 시각적으로 가장 놀랐던 것은 '시장' 풍경이다. 일본에서 시장이라는 것을 본 적이 없었기 때문에 더욱 그랬다. 특히 정육점 거리에 있는 붉은 조명이 신기했다. 돼지 족발이나 돼지 머리가 있는 거리는 무서워서 눈을 질끈 감고 지나다녔다. 목욕탕에 가서 때를 미는 것도 신기했다. 우유를 가져와서 몸에 뿌리는 아줌마 모습도 인상적이었다. 그릇들과 수저가 쇠로 되어 있어서 쨍그랑거리는 것도 낯설었고, 젓가락을 잘못 쥐면 손가락을 파고들어서 아픈 것도 힘들었다. 겨울에는 엄청 추웠고, 여름엔 엄청 더웠다.

일상생활에서 배우는 말들도 교재와는 달랐다. 학교 친구들이 쓰는 한국말에는 분명하기보다는 뭉뚱그린 표현이 곧잘 눈에 띄었다. 이를테면 "맛있는 것"이라는 표현이 그랬다. 아

이스크림도, 떡볶이도, 곰보빵도 모두 "맛있는 것"이다. "맛있는 것 사 줘." "맛있는 것 먹자."는 식이다. 지금은 그 표현이 참 정겹고 좋지만 당시는 사람마다 해석을 다르게 할 수 있는, 애매한 말이라고 생각했다.

변기에 휴지를 넣고 내리지 말라거나, 수돗물을 바로 받아서 먹지 말라거나, 어른이 먼저 수저를 드실 때까지 기다리라거나, 그릇 째로 들고 먹지 말라거나, 밥은 젓가락이 아닌 숟가락으로 먹어야 한다거나, 찌개는 각자 그릇에 나눠 담지 않고 한 냄비에서 같이 떠 먹는다거나, 어른에게는 반드시 존댓말을 쓰라거나, 어른과 악수할 때나 물건 건넬 때 왼손을 곁들여야 공손해 보인다거나…… 이 모든 것들이 낯설었다.

지금은 익숙해졌지만, 처음 봤을 때만 해도 한 번씩 놀라고 적응해야 했던 것들이다. 지금은 오히려 일본에서 문화 충격을 느끼기에 이르렀다. 가끔씩 일본 사람들이 내 행동에 놀라기도 하고, 나도 일본에서는 어떻게 했더라, 한번씩 헷갈리기도 한다.

앞으로 한국에서 지내는 시간이 더 길어지면 더 변하는 것도 있을 것이고, 변하지 않는 것들도 있을 것이다. 일본에서 오래 산, 그러니까 나와 반대 입장이라고 할 수 있는 한국 사람들을 여럿 만났는데 그들은 내가 거울 속 반대편 세계에 있는 자기 모습 같다고 한다. 자기는 오히려 일본화되었는데, 한국화된 일본 사람을 보니까 신기하기도 하고 재미있기도 하다고 한다. 지금 나는 그런 한국과 일본 사이, 경계가 모호한 그 어디쯤에 서 있다.

## 세모 수박, 네모 수박

일본 집에서는 바닥을 물걸레질하는 일이 없었다. 다다미 방은 물론이고 나무로 된 바닥도 보통 청소기만 돌리지 물청소는 하지 않는다. 그래서 나는 집에서 물걸레질을 해 본 적이 없었다. 바닥을 '훔치는' 습관이 생긴 건 J를 낳고 나서부터였다. 당시 시부모님과 함께 살았는데 시어머님은 늘 습관처럼 물걸레질을 하시는 분이었다. 나도 J가 바닥을 기어 다니면서 자꾸 손에 잡히는 것을 집어 먹는 걸 보고는 바닥 물걸레질을 하게 되었다. 신기하게도 그때까지 잘 보이지 않던 먼지들이 보이기 시작했다. 그때부터는 매일 아침 바닥을 물걸레로 훔치는 것이 습관이 되었고, 이제는 바닥을 걸레로 닦지 않으면 찝찝할 정도가 되었다.

물걸레뿐만이 아니라 뭐랄까 '화학적'인 청소는 한국이 훨씬 철저히 하는 것 같다. 이는 일본에서 시집 온 친구들이 이구동성으로 하는 말이기도 하다. 빨래를 표백하고 삶고, 가스

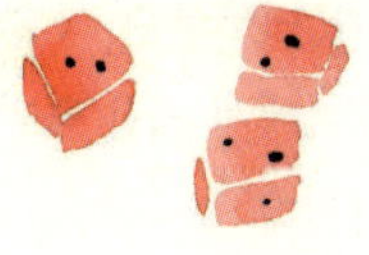

레인지도 항상 반짝반짝! 설거지 싱크대도 반짝반짝! 바닥도 반짝반짝! 욕실도 반짝반짝! 이런 일상에 익숙해진 후 일본 친정집이나 지인 집을 방문하면 그전엔 보이지 않던 것들이 보이기도 한다.

뭐랄까, 일단 일본 집은 먼지가 쌓일 수 있는 소지가 많다. 아기자기한 장식품이 많다. 거품 경제가 터지기 전, 경기가 좋던 시절을 살아온 분들이 지금의 장년층들인지라 물건이 넘쳐난 환경에서 자랐기 때문이고, 한국은 이사가 비교적 잦아서 물건을 잘 간직하지 않기 때문일 수도 있다. 정확한 까닭은 모르겠다. 어쨌든 사는 곳이 달라지면 청소 방법도 달라진다는 사실이 재미있다. 나는 이미 물걸레질이 익숙한 사람이 되었다.

수박을 깎는 방법도 달라서 처음엔 낯설었다. 어릴 적 집에서는 늘 수박을 세모 모양으로 잘라서 먹었고, 갓 자른 수박의 뾰족한 모서리 부분부터 베어 먹는 쾌감 같은 것이 있었다. 일본에서 '수박'이라면 대부분의 사람은 바로 세모 모양 수박을 떠올릴 것이다. 한국에서 처음 육각형 형태로 썰린 수박을 봤다. 조금 당황스러웠다. 수박의 어느 부분인지 분간이 안 가게 규격화된 육각형 과육들을 먹고 있자니 맛은 수박인데 수박을 먹는 기분이 안 들었다. 상 가운데 큰 접시를 놓고 다 같이 먹으니까 '내 분량'이 따로 없어서 손을 뻗을 때마다 신경이 쓰이는 상황도 그렇고……. 뭔가 '상황'이나 '분위기'가 바뀌면 같은 음식이라도 느낌이 많이 다르다. 실제로 나라마다 과일 맛도 조금씩 다르기도 하고. 아이들이 흘리지 않고 먹기에는 육각형 수박이 편하고 미리 잘라 놓을 수 있다는 장점이 있어, 지금 우리 집 냉장고에는 육각형으로 자른 수박이 들어 있다. 가끔 기분 내고 싶으면 세모 모양으로 잘라 먹기도 하고, 뭐 그렇다.

## 드로잉 송과 케이 팝

한국과 일본 모두에서 전시회를 열었다. 갤러리가 어떤 곳이냐에 따라 조금씩 다르긴 했지만, 전시회에 오는 분들이 공통적으로 느끼는 감정이 하나 있다. '전시회에 가면 그림을 사야 하는 거지?' 하는 압박감이다. 그런 분위기는 일본이 조금 더 강한 것 같다. 그림을 사지 않고 전시장에서 나가는 분들은 나한테 엄청 미안해하면서 도망치듯 서둘러 전시장을 빠져나가곤 한다. 일본은 워낙 공짜가 없는 나라라서 그럴 수도 있을 것 같다. 전시 입장료를 받지 않느냐 묻는 사람들이 있을 정도니까.

갤러리나 전시회를 어려워하는 마음이 있다고는 해도 '그림' 자체는 일본에서 꽤 일상과 가까이 있는 예술이다. '그림을 즐기고 그리고 싶어하는 마음'을 뜻하는 "에고코로(絵心)"라는 말이 있을 정도다. 일본은 그림을 전공하지 않은 사람에게도 기본적으로 어느 정도 그림을 보거나 그린다는 것이 익

숙한 것 같다. '드로잉 송(絵描き歌)'처럼, 노래를 부르면서 그대로만 따라 그리면 누구든 그림을 그릴 수 있게 하는 노래라든지, 문자 조합으로 그린 그림과 같은 그림 놀이가 많다. 내가 처음으로 배운 드로잉 송은 유치원에 다니던 때 같은 아파트에 살던 언니가 가르쳐 준 '귀여운 요리사'였다.

"나뭇가지가 하나 있었답니다.
나뭇잎일까? 나뭇잎이 아니야, 개구리야.
개구리가 아니야, 오리야.
6월 6일에 비가 쏴쏴~ 내려왔다.
삼각자에 금이 갔다.
빵 두 개에 콩 세 개.
눈 깜짝할 사이에 귀여운 요리사가 됐네."

친정집에서 J 그림책을 뒤지다가 일본에 전해져 내려오는 드로잉 송을 묶은 책을 발견했다. 초등학생이던 내가 따라 그리면서 마구마구 낙서를 해 놓았다. 가장 최근에 알게 된 것은 '도라에몽'을 그리는 드로잉 송이다. J에게 여동생이 알려 주는 걸 보고 그런 게 있다는 것을 알았다. 옛날 놀이라고 생각했는데 요즘에도 계속해서 만들어지고 있다는 것에 놀랐다.

나뭇가지가 하나 있었답니다.
나뭇잎일까? 나뭇잎이 아니야, 개구리야.
개구리가 아니야, 오리야.

6월 6일에 비가 쫘쫘~ 내려왔다.
삼각자에 금이 갔다.

빵 두 개에 콩 세 개.
눈 깜짝할 사이에 귀여운 요리사가 됐네.

만화나 애니메이션은 누구나 접하면서 자라는 친숙한 소재다. 8세기쯤 시작되고 12세기에 황금기를 맞이한 '두루마리 그림(絵巻物)'은 그림책의 원형쯤으로 볼 수 있겠다. 2백 년 넘게 유지된 평화로운 에도시대에는 유통, 여행 및 관광, 출판업 같은 상업이 활발해졌다. 당대 풍속을 남긴 다색 목판화 '우키요에(浮世絵)'가 많이 제작되었다. 현대에도 사람들이 연예인 브로마이드를 소장하듯이 유명 가부키 배우를 소재로 한 우키요에나 관광 명소를 그린 우키요에 인기가 대단했다고 한다. 특히 같은 그림을 여러 개 찍어내는 판화 특성 덕에 그림이 들어간 출판물을 대중들이 일상적으로 만날 수 있었다. 그런 풍토와 사회적 분위기가 일본 사람들의 성향을 만들어 나갔을 것이다. 일본에서 살 때는 몰랐는데, 일본을 떠나고 보니 이런 생각을 가지게 되었다.

와서 보니 한국 사람들은 무척이나 음주가무에 능해 보였다. 그 나라마다 유전적 요인이든 환경적 요인이든 결과적으로 특정 성향이라는 것이 있기 마련인데, 한국 사람들의 경우는 춤과 노래를 잘하는 것 같다. 가수나 연예인이 아니더라도 누구나 어느 정도 춤과 노래를 잘해서 놀랐던 적이 몇 번 있다. 대학교 때 친구들이랑 노래방에 간 적이 있는데 나 빼고 다 가수인 줄 알았다. 방송을 보아도 노래나 춤과 관련 프로그램이 많다. 그 연장선상인지 사람들이 외모를 가꾸는 일에도 굉장히 관심이 많다. 케이팝과 드라마로 대표되는 한류 열풍은 아시아의 다른 국가들 사이에서 특출하다. 십 대, 이십 대 싱어송 라이터 친구들의 노래를 들어 보면 정말 놀랍다. 기본적으로 한국 사람들은 축제를 좋아하고 삶을 즐기고자 하는 흥이 있는 것 같다.

그런 한국 사람들이지만 그림에 대해서는 두 가지 상반된 이미지로 받아들이는 것 같다. 우선, 누구나 하는 친숙한 것이라기보다는 '미술관'이나 '미대생', '현대 미술', '투자'와 같은 단어들이 떠오르고 '부유하거나 공부를 많이 한 사람들의 향유물'이라고 경외하는 분위기가 있다. 실제로 학부 시절 후배가 "입학 동기 중 나 빼고 다 넓은 의미에서의 강남 출신"이라고 했다. 서양화나 조소, 동양화와 같은 과를 졸업하면 작가의 길을 가기 위한 기나긴 학업 수행 기간을 버틸 수 있어야 하는데, 그러려면 학비와 생활비를 뒷받침해 줄 경제력이 있어야 한다는 것이었다. 실제 거기에 몸담고 있는 사람의 현실이 모두 꼭 그렇지만은 않지만, 밖에서 보면 어쨌든 생활에 여유가 있어 고상하게 비싼 교육비와 재료비를 감당하면서 하는 '잉여짓'이라는 이미지가 자리 잡고 있다. 반면, 불안정한 생계 수단으로서의 '가난한 예술가' 이미지도 함께 따라다

닌다. 어쨌건 둘 다 '그림'을 즐기는 대상으로 보기보다는 '웬만하면 하면 안 되는 것', 혹은 '쉽게 하지 못하는 것'이라고 거리를 두는 것 같다.

일본에는 미대도 있지만 딱히 작가가 되지 않더라도 자기 직업과 연결되어 일러스트레이션 학원에 다니거나 취미로 그림책 교실에 다니는 사람들도 많다. 일본에서는 학벌보다는 실력과 경험을 중요시하는 경향도 크고, 무엇보다 취미 문화가 깊이 뿌리내려 있다. 일반인을 대상으로 하는 생활 공예 교실이 인기가 있고, 개인이 취향대로 즐길 수 있는, 독자층이 분명한 잡지 출판물도 많은 편이다. 개인이 취미로 그림을 그리거나 책, 물건을 만들 수 있도록 도와주는 'how to' 관련 책이 매우 다양해서 생계보다는 즐거움을 위해서 그림을 배우는 사람이 많다. 그런 면에서 취미로 전시를 보러 다니는 사람도 많은 편이다.

일본에서 전시를 했을 때, 그 갤러리에서 하는 전시라면 모두 보러 온다는 오륙십 대 관람객을 몇 분 만났다. 보통 일주일 단위로 전시 기간이 잡혀 있으므로 매주 나들이 가듯 그림을 보러 다닌다는 뜻이다. 그 근방에 규모가 비슷한 갤러리가 세 군데 모여 있는데, 하루쯤 날 잡아 근처 백화점에서 점심도 먹고, 갤러리를 순례하면서 그림을 감상하고 가는 것이다.

어느 정도 연금도 받으면서 노후에 문화생활을 향유할 수 있는 노년층이기 때문 아니겠는가 생각할 수도 있다. 그러나 경제적으로 여유가 있다고 해서 모두 그림에 관심을 가지는 것은 아니다.

전시장 들어올 때 돈을 내야 할까 봐 걱정하는 분위기는 한국에서 덜했지만, 그저 그림을 보고 즐기려고 전시장을 찾는 사람도 일본보다 적었다. 미술 전공자들이나 컬렉터, 미술관 관계자, 혹은 작가 지인들이 대부분이었다. 명확하게 목적이 있는 방문이었던 것이다.

한국에서 지난 몇 년 동안 성인들을 대상으로 한 컬러링북이 유행했다. 미술과 인연이 없는 지인 집에도 캔버스 그림이 걸려 있기에 반가워서 웬일이냐 물었다. 물감과 함께 색깔이 지정된 캔버스를 팔고 있더라고, 사서 거기 지정된 대로 칠해 본 것이라고 했다. 좋은 그림이나 예술이 무엇인지에 대한 논의를 떠나서 사람들이 그림에 대해서 조금 가깝게 생각하게 되었다는 점에서는 좋은 일이다.

'그림을 그린다'는 행위는 본능적이고, 사람의 마음을 편안하게 해 준다. 그것이 평가나 돈과 연결되면서 그 본래의 순기능이 많이 가려져 있어 안타까울 때가 있다.

## 일본과 다르게 흘러가는 한국의 시간

어렸을 때 베스트셀러였던 책이 지금도 일본에서 베스트셀러이자 스테디셀러인 것을 종종 본다. 지금 시장 규모를 떠나, 체감되는 상태만 놓고 보자면 일본 그림책 출판계는 심한 침체기인 것 같다. 몇몇 그림책 상을 받은 작품들이나 스타 작가 작품 말고는 신인 작가 작품이 시장에 나오는 경우는 매우 드물다.

일본 고유의 '그림책 고전'이라는 것이 있다는 것은 그만큼 그림책 역사가 오래되었고 확고한 향유층이 형성되었다는 증거이기도 하지만, 출판 시장이 어려우니 안전한 작품만 출판하려는 출판사의 태도도 한몫 하고 있는 것 같다. 판매가 불확실한 모험은 하지 않으려는 보수적인 태도 말이다. 시장 규모는 한국 출판 시장이 훨씬 작지만, 그래도 새로운 작가의 작품을 세상에 선보이고자 하는 움직임은 한국 출판계가 더 활발한 것 같다.

한국과 일본의 연예계만 봐도 그렇듯이, 일본에서는 아이돌이라 하더라도 한번 팬층을 구축하게 되면 그 수명이 꽤 오래 가는 편이고 한국은 그 사이클이 매우 짧다. 부정적인 측면으로 볼 수도 있지만, 다양성 확보의 측면에서는 계속해서 새로운 것이 나온다는 것은 좋은 일이다.

그러고 보니, 일본은 좋고 나쁨을 떠나서 여러 측면에서 은근히 보수적인 부분이 많다고나 할까, 쉽게 변하지 않는 속성이 분명 있다. 많은 것에 대해 시대착오적이라고 생각될 만큼 남녀로 구분 지어 규정하는 경우들이 있고, 디지털화 열풍 속에서도 아날로그 방식을 고수하기도 한다. 한때 여성 작가가 소수였던 시절 '여류 작가'라는 말이 있었지만, 지금도 간혹 서점에서 소설책을 매대에 놓을 때 남성 작가와 여성 작가로 구분 짓는 경우를 볼 수 있다. 여러 이유가 있겠지만, 이런 진열 방식은 전 세계적으로 매우 드물다.

'여자력女子力'이라는 말이 있다는 것으로도 이상적인 여성상과 이에 반대되는 남성상에 대한 규정을 엿볼 수 있다. 특히 여성에게 기대되는 특정 이미지가 강하다는 인상을 준다. 현재 일본에서 '여자력이 높다'는 말은 칭찬이지, 부정적인 용도로 쓰이는 말은 아니다. 디지털 사전《다이지센(デジタル大辞泉)》에 따르면 "여자력이란 2009년경부터 유행하기 시작한

단어로, 명확한 정의는 없으나 여성스러운 태도나 모습을 중요시하는 것, 여성 특유의 감성 능력을 생활이나 직업에 활용하는 일 등 다양한 해석으로 쓰일 수 있다"고 되어 있다. '당신도 여자력 up!'이란 문구는 이런저런 잡지와 광고에서 흔하게 볼 수 있다.

정보 통신 기술의 진행 정도도 한국보다 느린 편이다. 하긴 한국만큼 정보 통신 기술이 보편화된 나라는 없을 것이다. 한국은 모든 것이 전산화되어 있다. 예를 들어 국민건강보험증 같은 것을 병원에 가지고 가는 사람은 없다. 주민등록번호만 대면 알아서 보험이 적용되기 때문이다. 일본에서는 매월 첫 병원 방문 때 보험증을 지참해야 진료 비용에 보험이 적용된다. 일반 행정 민원도 한국에서는 웬만하면 온라인으로 처리할 수 있지만, 일본에서는 시청을 찾아가서 담당자에게 직접 처리를 부탁하거나 우편으로 서류를 주고받아 처리해야 하는 경우가 꽤 많다. 일본에서는 설날이면 온 국민이 연하장을 보내고, 여름이면 복날 문안 엽서를 주고받는다. 결혼식 청첩장까지 모바일로 보내는 한국에서는 상상하기 어려운 모습이다. 학술 논문집 출간도 한국은 웹하드와 이메일, 온라인 송금으로 모든 일이 진행되지만 일본 어떤 학회에서는 피드백과 논문 교정지, 납입 고지서를 우편물로 주고받았다.

한국은 다 알다시피 뭐든지 '빨리빨리, 더 편리하게, 더 간편하게!' 진행된다. 버스 정류장에서 내릴 때, 미리 문 앞에서 카드 찍고 내릴 준비를 하지 않고 있다가 정차 후에 카드를 주섬주섬 꺼내며 나오는 사람이 있다고 상상해 보자. 그 사람 몸이 특별히 불편한 상황이 아니라면 수많은 눈총과 무거운 침묵의 벌을 받아야 할 것이다. 뭐든지 순식간에 처리되는 시간 개념에 익숙한 사람들에게는 그 사람이 내릴 때까지 걸린 10초 남짓한 시간이 숨 막히도록 길게 느껴진다. 반면 일본에서는 버스가 서기 전에 미리 일어서는 것은 금지되어 있다. 버스도 정류장에 도착하고 출발하는 시간이 정해져 있어 타고 내리는 사람이 없어도 정류장에 잠깐 서 있는 것이 일반적이다. 버스가 정차한 뒤에 자리에서 일어나라는 안내 방송이 계속 나온다. 한국에서도 그런 방송이 간혹 나오지만 그것을 실행으로 옮기는 사람을 보기는 힘들다.

일본에서는 절차가 많고, 시간이 걸리고, 비용이 든다는 인상이 있다. 뭐든지 편리하게 해결되는 서울 삶에 익숙해지면, 일본의 일 진행 방식이 불편하게 느껴질 때도 많다. 좋고 나쁨에 대한 이야기가 아니라 의외로 이렇게나 다른 속성이 있다는 이야기다. 전적으로 내가 보고 느낀, 한국과 일본의 '시간'에 대한 이야기다.

## 시간이 천천히 흐르는 그곳, 친정집

친정집은 나고야 공항에서 배를 타고 40여 분을 더 가야 하는 곳에 있다. 파도에 몸을 맡기고 샌드위치를 먹으면서 아이들과 창밖을 바라보며 바다를 건너간다. 항구에 도착하면 선착장에서 기다리던 아빠가 두 팔 벌려 우리를 맞아 주신다. 아이들이 외할아버지에게 안긴다. 배에서 내려 선착장에 발을 딛는 순간, 소금기 섞인 바닷바람 냄새가 난다. 그러면 속으로 생각한다.

'이제, 집에 왔구나.'

서울은 순식간에 모습이 변한다. 익숙했던 장소도 1, 2년 뒤에 가 보면 분위기가 확 바뀌어 있다. 남편은 서울 토박이인데, 이런 변화무쌍한 도시를 '고향'으로 두고 있다는 것은 어떤 느낌일까 가끔 상상해 본다. 도시라는 곳에선 언제나 상처받을 준비가 되어 있어야 하고, 경계심을 늦출 수가 없다. 뉴욕이나 도쿄, 파리에 갔을 때도 똑같이 그랬다.

그래서인지 나는 바닷가에 있는 친정집이 참 좋다. 일본에서의 활동을 생각하면 고향이 도쿄나 오사카와 같은 큰 도시면 좋겠지만, 그래도 편안하고 여유로운 공기가 흐르는 나의 친정 미에현(三重県)이 좋다. 고향 집은 내 마음의 휴식처이자 육체의 안식처다.

공간과 기억은 강하게 얽혀 있다. 같은 음식이라도 집에서 먹는 것과 한국에 가져와서 먹는 것은 맛이 다르다. 평소에 같은 문화를 함께 공유하지 못하는 서운함은 있지만 그래도 '부모님이 계시는 고향'이라는 것이 따로 있어서 다행이라는 생각이 든다. 고향 집에서는 나를 증명할 필요도, 설명할 필요도 없다. 그냥 내가 있을 뿐이다. 마당에 인접한 복도에 떨어지는 햇빛을 속에 그냥 누워서 아무 생각 없이 있는 것이 허락되는 곳.

고향에서는 초등학교 시절 내가 느꼈던 바닷바람이 지금도 불고 있다. 집에만 가면 그 시절 내가 했던 생각들이 그대로 보존되어 있기라도 한 것처럼 새록새록 옛 기억들이 떠오른다. 군데군데 변하기는 했지만 그래도 크게 변한 것이 없어서, 고향 집에만 가면 마치 옛날 그때로 시간여행이라도 하는 것 같다.

우리 집 내 책상에는 초등학교 때 쓰던 그때 그 시절의 물

CALPS

건들이 거의 그대로 놓여 있다. 아이들이 태어나고 나서는 여유가 없어서 고향 집에 가도 내 책상 앞에 앉을 시간이 많이 없어졌지만, 간혹 2층 방으로 올라가서 책상 서랍을 열어 보기도 한다. 서랍 속에서는 추억을 동반한 수많은 물건들이 고개를 든다. 물건 수만큼의 추억들이 되살아난다.

물건이 가지고 있는 감수성이란 참 묘하다. 학부 시절 서양화과 졸업 작품은 고향집 책상 서랍 속 물건들을 테마로 했다. 어릴 적 쓰던 물건을 진공 상태로 보존한 채 고스란히 넣고 다니다가 자신이 사는 공간에 그 물건들을 다시 진열하는 것으로 '자기 공간'을 만드는 과정을 설치 작품으로 만들었다. 그렇지만 당연히 그렇게 원래 놓여 있는 공간에서 떨어져 나온 물건들은 내가 고향집 내 책상에서 그 물건들을 마주하는 것과는 감흥이 전혀 다르다.

J도 외갓집에 가는 것을 좋아한다. 한국과 일본에서 접할 수 있는 것들의 차이를 인식하고 있어서라기보다는 '오지짱, 오바짱이 있는 집'에 가는 것을 좋아하는 것이다. 아침에 오지짱과 바다 산책하는 것도 좋고, 낮에 오바짱과 자전거를 같이 타는 것도 좋고, 엄마랑 걸어서 근처 공원에 가서 노는 것도 좋고, 텔레비전에서 〈호빵맨〉이 일본말로 나오는 것도 좋고, 아침에 버터 바른 토스트를 먹는 것이 좋단다. 매일 저녁

탕에 물을 받아서 오바짱이랑 같이 목욕하는 것도 좋다. 겨울에는 두꺼운 이불 속에 쏙 들어가서 잠자는 것이 좋고, 여름에는 마당에 풀장을 꺼내서 밀짚모자를 쓰고 물놀이 하는 것이 좋고, 나비나 잠자리를 잡는 것도 좋다. 낮 동안 실컷 놀아서 일본 집에만 가면 일찍 잠드는 착한 어린이가 된다.

동일본 대지진 이후 몇몇 분들이 우리 고향집 위치가 지진 해일 위험에서 안전하지 않으니 다른 곳으로 이사 가라고 권한다. 맞는 말일지 모른다. 부모님 생각을 하면 이사를 가시라고 권하는 것이 맞겠지. 그런데 나는 그곳이 아닌 다른 곳이 고향집이 되는 것은 상상하기 힘들다.

# 사과든 링고든

언어라는 것은 참 재미있다. 같은 과일을 뜻하는 단어지만 '사과'와 '애플apple'과 '링고りんご'는 같은 것이 아니다. 그 단어를 쓸 때 떠올리는 이미지가 다르다. 이를테면 나는 미국에서 'apple'이 포장 안 된 상태로 산더미처럼 쌓여서 팔리는 것을 보았다. 'apple'은 내게 아주 진하고 단일한 연지 빛의 과일이었고, 표면을 물로 씻어도 진득한 뭐가 떨어지지 않는 과일이었다. 가끔 붙어 있는 스티커를 잘못 떼어 내면 흰 자국이 남았다. 그래도 기름과 설탕 범벅 가공식품이 넘쳐나는 그곳에서는 자연의 영양분을 섭취할 수 있는 좋은 음식이었다.

일본에서 내가 먹었던 'りんご'는 집에서 엄마가 깎아 주시는 과일이었다. 껍질에는 노란색과 빨간색의 세로줄이 많이 있었고, 크기도 'apple'보다는 대체로 컸다. 껍질 밖에까지 달콤한 냄새가 났고, 껍질은 끈적이지 않고 보송보송했다. 그리고 아주 흔한 과일이었다.

한국에 와서는 이상하게 평소에 과일을 잘 안 깎아 먹게 되었다. 그래서 '사과'는 명절에 들어온 커다란 상자에 담긴 이미지가 가장 대표적이다. 그리고 위아래가 잘려 나간 채 제사상에 놓인 모습이 인상적이었다.

이렇듯 나에게 언어라는 것은 단어를 외워서 문법에 대입한다고 답이 나오는 것이 아니라, 감정이나 전후 맥락, 사회적 암묵 등이 있는 매우 구체적인 상황을 수없이 많이 겪으면서 귀납적으로 학습되는 것이었다.

대학생 때 내가 무라카미 하루키의 《1Q84》를 한국어로 읽는 걸 보고 누가 "그럼 (일본어 원서와) 전혀 다른 걸 읽는 거네요?"라고 물었다. 예상치 못한 질문이라 좀 당황해서 확실한 대답을 못 했다. 나는 그저 즐겁게 이야기에 빠져 그 소설을 읽고 있었기 때문이다. 나중에야 곰곰이 생각해 보니 그 소설의 1권은 일본어 원서로 읽었는데, 2권을 한국어로 읽는 데 조금의 위화감도 없었다. 그 소설의 등장인물과 세계가 설정될 때 처음 그것을 형성했던 언어가 일본어였기 때문일 것이다. 일단 그 세계가 내 머리 속에 그려지고 나면 '青豆あおまめ'가 '아오마메'로 표시되건, 후카에리가 "뭐뭐 했어요" 하고 한국어 존댓말로 덴고와 대화를 하건 소설을 읽어 나가는 데 크게 방해가 되지 않았다. 우리가 자막 영화를 볼 때 귀로는

영어를 듣고 눈으로는 한글 자막을 보면서 내용을 자연스럽게 받아들이는 것과 비슷하다. 이렇듯 언어가 의사소통의 수단일 때는 작은 뉘앙스의 차이가 덜 중요해진다. 그때 눈앞에 있는 사람에게 내 의사가 전달되면 그걸로 되는 것이다.

J를 보고 있으면 사람이 그런 동기로 일본어를 자연스럽게 배운다는 것을 잘 알 수 있다. 친정 어머니는 일본말만 하시기 때문에 외할머니와 말할 때 J는 일본말로 이야기한다. 한국말을 할 수 있는 사람하고는 자연스럽게 한국말로 말한다.

내가 얼굴만 봐도 외국인임이 분명하게 생겼다면 아마도 자연스럽게 J와 모국어로 이야기했을지도 모른다. 그러나 나는 버스나 지하철을 탔을 때, 다른 공공장소에서 괜히 일본말로 아이와 대화하며 안 받아도 되는 눈길을 받는 것이 싫다. 그래서 자연스럽게 J를 한국말로 키웠다. 그런데 J가 서너 살 때쯤, 나처럼 한국에 시집와 사는 아는 동생이 자기 딸과 일본말로 대화했더니 외할아버지 외할머니와 일본어로 능숙하게 통화하더라는 얘기를 들었다. 그 얘기를 들은 남편이 나한테도 J와 일본말로 이야기하라고 적극 격려하기 시작했다. 한국인 시부모님과 함께 살다 보니 자연스럽게 일본말이 떨어지지 않았던 까닭도 있다. 나부터가 한국에서 3년 넘게 육아를 하면서 엄마로서의 정서나 사고방식이 한국어로 형성된

부분도 있었기 때문에 갑자기 J에게 일본말로 이야기한다는 게 말처럼 쉽지는 않았다.

그래도 전부터 지인들을 통해 한국에서 일본으로 전학 온 초등학생 아이가 3개월이면 한국어를 싹 다 잊어버리고 일본말만 하게 되었다는 등의 이야기를 들은 적이 있었기 때문에 반신반의하며 J에게 생각날 때마다 일본어로 말하기 시작했다. 완벽하게 실천하진 못하지만 의식적으로 노력을 하다 보니 조금씩 변화가 생기기 시작했다. 처음에는 거의 일본말을 못 했지만 J가 말을 하기 시작하면서부터는, 1년에 한두 번 일본에 가서 지내는 동안에 처음 갔을 때보다는 돌아올 때 일본말이 확 는 것이 느껴질 정도였다. 한국에서 지내는 동안에도 똑같이 텔레비전을 보더라도 "스튜디오 지브리" 작품 등 가급적 일본어 콘텐츠를 보여 준다든지, 가끔 일본어 그림책을 읽어 준다든지 조금씩이라도 일본어에 노출될 기회를 만들었다. 결정적으로 J가 외할머니와 놀면서 동요도 배우고 일본어를 많이 익혔다. J에게 일본말은 그저 '오바짱(외할머니)'과 소통하기 위한 도구일 뿐, 그 이상도 이하도 아닌 것이다.

나와 우리 엄마의 일본말을 듣고 자랐는데도 J의 일어 발음이 한국 사람 발음인 게 조금 신기했지만, 요즘은 그게 사랑스럽다. 일본에서 2주 정도 지내다가 다시 한국으로 갈 즈음에

잠꼬대를 일본어로 해서 놀랐던 적이 있다. J랑 일본말로 대화할 때 조금 더 J가 나의 마음을 이해해 주는 것 같은 기분이 들기도 한다. 뭔가 있는 그대로의 나랄까. 아무런 설명이 필요 없는 또 다른 나의 부분까지 J와 공유할 수 있게 된 기분.

J는 자기 자신을 한국 사람이기도 하고 일본 사람이기도 하단다.

"한국은 아빠의 나라이고, 일본은 엄마의 나라니까."

타국에서 살다 보면 어쩔 수 없이 회의가 들 때가 가끔 있지만, 적어도 그 대가로 J가 가지게 된 이 정체성만큼은 내가 J에게 줄 수 있었던 선물 중에 꽤 근사한 것이 아닐까 싶다.

## 다르지만 같고, 같지만 다른 우리

한국과 일본에서는 인간관계 안에 존재하는 질서도 다르다. 일본에서는 기본적으로 가장 나이가 어린 사람을 가장 많이 배려한다. 집에서 가족들을 부르는 명칭은 그 가족에서 가장 어린 사람 입장에서 부르는 명칭이다. 동생이 생기는 순간 자기 이름으로 불리던 큰 아이는 부모님에게도 '오네짱(누나, 언니)'이라고 불린다. 실제로 대학생이 될 즈음까지 부모님은 나를 '오네짱'이라고 부르셨다. 아이의 할아버지, 할머니에게, 아이의 부모들도 '할아버지, 할머니'로 부르는 것이다. 요즘은 자녀에게 '아빠', '엄마' 대신 부모 이름으로 부르게 하는 사람들도 있지만, 적어도 한국에서 그런 상황은 상상하기 힘들다. 이렇게 보면 일본은 한국보다 '수평적인' 관계에 익숙한 것처럼 보인다.

한국에서는 가장 나이가 많은 사람이 그 모임의 기준이자 중심이다. 장유유서, 서열이라는 말이 일상에서도 살아 있다.

물론 지금은 많이 변한 부분들이 있지만, 기본적으로 한국 사회는 그런 질서를 바탕으로 돌아가고 있다는 느낌이다.

일본에서 한두 살 차이 정도는 서로를 '~짱'이라고 부르는 '친구' 사이로 지낸다. 처음 한국에 왔을 때 한국에서 몇 년생인지 서로 물어보더니, "그럼, ○○이가 더 언니네." 하고 결론 내리는 것을 보고 놀랐던 기억이 생생하다. 그러면 더 이상 친구처럼 거리낌 없이 대하기가 힘들어졌다. 여러 가지 생각으로 머릿속이 복잡해져 버린 것이다. 또 친형제가 아닌 사람에게도 '언니, 오빠, 동생' 호칭을 쓰는 게 무척 인상 깊었다. 처음에는 뭔가 그런 명칭을 쓰는 것 자체로 가족과 같은 친근감이 생기는 것 같아서 좋았지만, 동시에 순식간에 누가 나이가 더 많은지 판가름이 나고 그 질서에 의해 관계가 형성된다는 것을 점차 깨달아 갔다. 나이가 많다는 이유로 언니가 밥을 사거나 챙겨야 하고, 동생은 언니에게 양보하고 더 살갑게 대하는 등의 암묵적인 '기대 사항'이 있다는 것도.

지금은 전혀 의아하지 않지만 처음 접했을 때 정말로 충격을 받았던 것이 있다. 바로 아이 엄마를 부를 때 큰아이 이름을 붙이고 '○○ 엄마'라고 부르는 일이다. 나에게 이것이 인상적이었던 이유는 첫째로 지금까지 난 '맏이'라는 입장에 콤플렉스를 느끼는 일이 많았기 때문일 것이다. 성경에 나오는 카인과 아벨 이야기에서 하나님은 동생인 아벨의 제물만 받아 주신다. 형 카인은 선량한 동생을 죽인 '나쁜 놈'으로 저주를 받게 된다. 아기 돼지 삼형제에서 첫째 돼지는 가장 게으르고 무능력하다. 반면에 막내 돼지는 '착하고 성실함'의 아이콘이다(심지어 형들을 구해 준다!). 구약 성경에 나오는 이집트의 총리가 된 요셉 이야기는 또 어떤가. 요셉은 열한 번째 아들로, 형들은 동생을 시기하여 팔아넘기는 나쁜 조역을 맡고 있었다. 어릴 적 나는 '동생'들이 정의의 화신이자 주인공으로 등장하는 경우가 왜 이렇게 많을까 늘 의문을 품었다. 그리고 맏이가 미움 받는 역할을 맡을 때마다 마치 내가 미움 받는 것 같아 은근히 상처를 받았다. 그런데 한국에서는 아이가 여럿 있는 상태에서 엄마를 '큰아이'의 엄마로 규정하고 있는 것이다. 완전히 신세계였다. 동생들이 그 일에 대해 "왜 엄마는 내 엄마이기도 한데 '언니(누나)의 엄마'라고 불러?!" 하고 반기를 들거나 무척 서운해 할 것 같았다. 맏이에게는 너무 좋겠지만, 맏이로 태어나지 못한 아이들은 어쩌면 좋단 말인가. 나중에 어떤 일본 사람도 이 사실에 대해 무척이나 놀랐다고 이야기하는 것을 들었다. 나만 그렇게 느낀 게 아닌 모양이다. 지금 생각하면 아무도 이 사항을 그렇게 특별하게 받아들이고 있지 않다는 것을 알기에 그저 웃기지만, 당시에는 정말 큰 충격이었다.

또 일본에서는 나이보다는 '입장'이 중요하다. 특히 서비스 제공자와 고객의 관계는 철저하다. 오죽하면 "손님은 신"이라는 말이 다 있을까. 고객이 어리건 나이가 많건 정중하게 존댓말로 대한다. 한국에서 음식점이나 문구점 아주머니가 학생인 나에게 반말을 해서 깜짝 놀랐다. 게다가 찾는 물건이 없을 때도 전혀 미안한 기색이 없이 "없어!"라는 한마디 말뿐이어서 매우 당황했던 기억이 있다. 내가 원하는 것을 사러 갔을 때 내 요구를 맞추지 못한 가게 쪽에서 사과하는 것에 익숙했던 나는, 가게 주인의 태도가 뻔뻔스럽다고 느껴져 화까지 날 지경이었다. 웬만한 것은 다 적응이 된 나도 '손님을 대하는 태도'만큼은 지금도 간혹 적응이 안 된다. 뭘 사러 가거나 먹으러 갈 때 편안한 마음으로 가는 것이 아니라 상처 받거나 원하는 서비스를 받지 못할 각오를 하고 들어가야 한다.

질서와 우선순위가 다르다 보니 평가 기준이 달라지고, 사고방식이 달라지고, 감수성이 달라진다. 한국 사람이 일본 사람을 볼 때도, 알아서 해야 할 것을 알아서 하지 못해 둔감하다고 느끼거나 개인주의적이라거나 예의가 없다고 느낀다. 일본 사람이 한국 사람을 볼 때도 섬세하지 못하다거나 예의가 없다고 느낀다. 왜 그럴까. 내가 내린 결론은 그것은 민감

한 부분이 다르기 때문이다. 즉 서로 중요하게 생각하는 것이 다르기 때문이다.

미움은 작은 엇갈림에서 시작된다. 이런 사소한 질서의 차이, 생각의 차이, 문화의 차이가 큰 갈등과 비극으로 치닫게 되는 현실은 뉴스만 틀면 확인할 수 있다. 이럴 때 기억해야 할 것은 지역마다 다른 질서가 있지만 우리는 모두 같은 사람이라는 사실이 아닐까?

여행사 "모몬도Momondo"가 만든 영상 중에 〈DNA 여행〉이라는 것이 있다. 자신이 뿌리 깊은 영국 사람, 인도 사람, 혹은 무슬림이라고 믿는 사람들이 DNA 검사를 해 보면, 생각지도 못한 곳의, 혹은 자신이 싫어했던 인종의 핏줄이 섞여 있다는 것을 알게 되는데, 그럴 때 그 당사자가 얼마나 놀라는지를 담은 감동적인 영상이다. 우리 조상 중에는 내가 종교적 혹은 정치적 반감을 가지고 있는 바로 그 지역 출신의 사람이 있을 수 있다. 이 사실을 알게 되면 혐오감은 옅어지고 조금 더 마음을 열기가 쉬워진다. 비록 문화는 다르지만 우리는 모두 어딘가에서 혈통으로 엮여 있다.

물론 다른 질서와 문화를 받아들이는 일은 쉽지 않다. 많은 세월을 그곳에서 살아도 익숙해지지 않은 부분이 있을 정도니까. 그렇지만 큰 눈으로 보면 우리 사이에 차이보다는 공통점이 더 많다. 하루 세 끼 밥을 먹고, 다치면 아프고, 피곤하면 잠을 자야 한다. 슬프면 눈물이 나고, 기쁘면 웃음이 난다. 불쌍한 사람을 보면 연민을 느끼고, 보고 싶은 사람을 떠올리면 코끝이 찡해진다. 영화나 소설을 보고 등장인물에 나를 겹쳐 본다. 우리 모두 누군가와 연결되길 바라며, 크고 작은 공동체와 사회를 이루려 한다. 다른 사람이 자신을 알아주었으면 한다. 누구는 그림을 그리거나 음악을 연주하는 것을 좋아하고, 누구는 글 쓰는 것을 좋아한다. 누구는 운동을 잘하고, 누구는 실험하고 관찰하는 것을 좋아한다. 다르지만 같고, 같지만 다른 우리.

너무 큰 이야기를 했나 보다. 그래도 나의 먼 친척들로 채워져 있는 세계 지도를 상상해 보면 조금 더 세상이 친근하고 살기 좋은 곳처럼 느껴진다.

그렇게 삶은 차곡차곡

---

**첫 번째 찍은 날** | 2017년 10월 12일

**지은이** | 사카베 히토미

**펴낸이** | 이명회

**펴낸곳** | 도서출판 이후

**편집** | 김은주

**표지 및 본문 디자인** | A. Lance



**등록** | 1998. 2. 18.(제13-828호)

**주소** | 10449 경기 고양시 일산동구 호수로 358-25(동문타워 2차) 1004호

**전화** | 대표 031-908-5588 팩스 02-6020-9500

**블로그** | http://blog.naver.com/dolphinbook

**페이스북** | facebook.com/smilingdolphinbook

**ISBN** | 978-89-97715-52-7 03810

이 도서의 국립중앙도서관 출판시도서목록(CIP)은 e-CIP 홈페이지(http://www.nl.go.kr/cip.php)에서 이용하실 수 있습니다. (CIP 제어번호: CIP 2017023839)



**꽃의 걸음걸이로, 어린이와 함께 자라는 웃는돌고래**